ASIATISCHE FORSCHUNGEN

MONOGRAPHIENREIHE
ZUR GESCHICHTE, KULTUR UND SPRACHE
DER VÖLKER OST- UND ZENTRALASIENS

Herausgegeben von
Walther Heissig und Thomas O. Höllmann
unter Mitwirkung von Herbert Franke und Charles R. Bawden

Band 141

2002

Harrassowitz Verlag · Wiesbaden

Der Fuchs
in Kultur, Religion und Folklore
Zentral- und Ostasiens

Teil II

Herausgegeben von
Hartmut Walravens

2002

Harrassowitz Verlag · Wiesbaden

DISCARD

Das Signet stellt die japanische Fuchs-Gottheit Kitsune nach einer japanischen Vorlage dar.

Die Deutsche Bibliothek - CIP-Einheitsaufnahme
Ein Titeldatensatz für diese Publikation ist bei Der Deutschen Bibliothek erhältlich

Die Deutsche Bibliothek - CIP Cataloguing-in-Publication-Data
A catalogue record for this publication is available from Die Deutsche Bibliothek

e-mail: cip@dbf.ddb.de

www.harrassowitz.de

ISSN 0571-320X
ISBN 3-447-04515-9

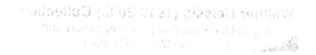

Inhalt von Band II

Inhalt von Band I

Vorbemerkung

Füchse gelten seit alters her als schlau und listig. Sie schlagen dem Jäger ein Schnippchen und sind in den Märchen und Fabeln auch allen anderen Tieren überlegen. Die Folklore des Fuchses ist reich und vielseitig, und insofern spricht man gelegentlich schon von «Foxlore».

Die weltweit in vieler Hinsicht ähnliche, aber auch wieder unterschiedliche Beurteilung des Fuchses führte zu der Idee, beim Internationalen Orientalistenkongreß (International Congress of Asian and North African Studies) in Budapest im Jahre 1997 ein Panel über die Rolle des Fuchses in Zentralasien und den angrenzenden Regionen zu veranstalten. Zum einen bot sich hier, über sprachliche und kulturelle Grenzen hinaus, ein gemeinsames Thema, zum anderen erschien es reizvoll, dem Einfluß der ostasiatischen Fuchsvorstellungen nachzugehen: In der ostasiatischen Folklore treten Füchse gern in Menschengestalt auf, besonders als hübsche junge Mädchen, die Männer verführen. Wie in anderen Teilen der Welt ist die Rolle des Fuchses dabei ambivalent: In vielen Fällen sind die Taten des Fuchses boshaft und schädlich, aber in anderen durchaus uneigennützig und positiv.

Die Beiträge des vorliegenden Werkes versuchen, regional wie thematisch ein breites Spektrum abzudecken. Dabei wird das Material aus Gründen des Umfangs in zwei in sich abgeschlossenen Bänden präsentiert. Der erste Teil konzentriert sich auf den altaischen Bereich:

Eine Auswahlbibliographie zu unterschiedlichen Aspekten der Fuchsforschung dient als Einführung ins Thema.

Die Mongolei ist durch eine Reihe von Beiträgen vertreten, die sich auf das Fuchsopfer (*ünegen-ü sang*) konzentrieren, ein Ritual, das erst in neuerer Zeit auf Grund einer Anzahl von Handschriften Aufmerksamkeit gefunden hat. Der tungusische Kulturbereich ist durch eine Analyse von Märchenmotiven wie auch durch eine Präsentation von sibe-mandjurischen Erzählungen repräsentiert.

Ein ausführlicher Beitrag stellt die Rolle des Fuchses im Volksglauben der Tuwiner vor. Den Abschluß bildet eine Untersuchung über den Fuchs im türkischen Sprichwort, womit thematisch die Brücke bis nach Europa geschlagen wird.
Der zweite Teil konzentriert sich auf Ostasien:

Für China stehen ein auf archäologischem Material basierender Beitrag über die älteren Fuchs-Mythen, speziell den neunschwänzigen Fuchs, während die Darstellung sexueller Aspekte des Fuchsglaubens etymologisch gestützt wird. Der Pelzhandel in der Mandschurei beleuchtet den wirtschaftsgeschichtlichen Aspekt. Eine Bibliographie von Übersetzungen der bedeutendsten chinesischen Sammlung von Geister- und Fuchsgeschichten, des *Liao-chai chih-i* von P'u Sung-ling, belegt die Beliebtheit des Motivs gerade auch bei westlichen Lesern.

In Japan spielt der Fuchs eine interessante Rolle im Theater; am Beispiel des Stückes *Die Fuchsfalle* wird dies verdeutlicht. Über andere Aspekte, wie den Fuchs im Inari-Kult und die Darstellung in Ukiyo-e-Holzschnitten, ist schon gearbeitet worden.

Tibet ist in diesem Werk nicht vertreten; es sei jedoch an einen früheren Aufsatz von Erika Taube erinnert (vgl. Bibliographie), in dem sie die Vermutung A. H. Franckes erhärtet, das Urbild des Gestiefelten Katers sei ein Fuchs gewesen.

Ebenfalls sind nicht alle wichtigen Facetten der Fuchsforschung vertreten: Reizvoll wäre eine Untersuchung des traditionellen Fuchskultes in Südchina gewesen, oder auch der Fuchsbesessenheit in Japan. Vielleicht gibt das vorliegende Werk, das manche Inspiration der Fuchs-Ausgabe der *Études mongoles et sibériennes* (15.1984) verdankt, die Anregung für weitere Untersuchungen!

Allen Autoren sei für ihre Beiträge herzlich gedankt; besonderer Dank gebührt Prof. Walther Heissig für die Aufnahme des Werkes in die Reihe *Asiatische Forschungen*.

Berlin, März 2000   Hartmut Walravens

Abkürzungen

AOH	Acta Orientalia Hungarica
ATh	Aarne-Thompson Klassifikation der Märchenmotive
CYYY	Kuo-li Chung-yang yen-chiu-yüan Li-shih yü-yen yen-chiu-so chi-k'an
EI	Enzyklopädie des Islam / Encyclopedia of Islam, Leiden
HJAS	Harvard Journal of Asiatic Studies
JNCBRAS	Journal of the North China Branch of the Royal Asiatic Society
TASJ	Transactions of the Asiatic Society of Japan
ZAS	Zentralasiatische Studien
ZMR	Zeitschrift für Missionskunde und Religionswissenschaft
1 / 1a	Staatsbibliothek zu Berlin (mit Signatur)

Friedrich A. Bischoff (Vienna)

Sex Tricks of Chinese Fox-Fiends

Definitions: fiend: a demon; but in China a fiend is not necessarily immaterial: it may as well be endowed with a material body - human, animal, vegetal, or of any sort of thing. **incubus** («who lays upon»): a sex-fiend when enacting the part of the male. **succubus** («who lays underneath»): a sex-fiend when enacting the part of the female. were - designates an animal (or an object) capable of assuming human appearance.

陰 **yin and** 陽 **yang** are the basic ontological principles of the Chinese. *Yin* means literally «the shade-side of a mountain», *yang* its «sun-side». As time passes and the sun moves, the sun-side turns into the shadow-side and vice versa. (These are the fabled «changes» of the «Book of Changes», the *I-ching.*) As ontological principles, *yin* and *yang* combine to constitute everything seen and unseen; and, through their presence in a varying amount at a given moment, they condition everything both materially and ethically. There is no absolutely *yin* nor *yang* creature / object; but there are *yin* qualities and *yang* qualities. Negative qualities such as coolness, weakness, wickedness, slyness, letchery are *yin*; and since the Chinese consider these traits as characteristic of their women, *yin* may come to mean «female». On the contrary, positive qualities such as warmth, vigor, a good character, chastity and fortitude are considered characteristic of a man; and *yang* may therefore come to mean «male».

In Chinese the fox is called 狐狸 hu^2 li^2 meaning etymologically: kua^1 ch'üan^3 瓜犬 *a cucumber dog* or, better, *a pumpkin* or *melon dog,* and 里犬 li^3 ch'üan^3 *a dog-in-residence.* These kanjis may just be 形聲字 hing^2 sheng^1's, meaning characters composed of a radical approximately meaningful (i.e. *the dog,* radical # 94) and a phonetic part purportedly deprived of meaning. Maybe, maybe not. Foxes, however, are known to be fond of grapes, as attested by the Bible (Cant. 2:15), and by Aesop («The fox and the grapes») - besides, it's true: they do eat grapes! So they may perhaps, in absence of sweet grapes, eat ripe melons as well. As for the appellation *dog-in-residence,* it brings us close to the center of our investigations: What do foxes (both male and female foxes) do inside human habitations?

The first kanji, hu^2, is recorded by the *Shuo wen* (説文, around 100 A.D.) and defined as a yao 祅 (also written 妖) an animal of *bad omen;* more precisely, an animal *forecasting some natural disaster* such as earthquake,

heavy thunder-storm, or the like; it serves moreover as *a mount for the ghosts.* In modern times, although the foxes do still have much commerce with the deceased, they no longer appear to serve as the specters' mount. As for the second kanji, we are told that 狸 li^2 with the *dog* radical (# 94) stands for 貍 li^2 with the *snake* radical (# 153) and defined as *a wildcat,* and that the hu^2 and the li^2 are two different animals.

For, at some point in the development of the Chinese language, one felt the need for binomes in order to distinguish the fox from the tiger, an animal equally endowed with transcendental powers and anciently pronounced in an identical way *hu in the 平 p'ing^2 tone. Since subsequently this ancient p'ing^2 tone split so as to give the modern 1st and 2d tones, *the tiger* presently is 虍 hu^1; and *the fox* is hu^2, but the difference remains slight. Hence, to make sure of what is meant, the tiger is normally called 老虎, lao^3 hu^3 «a venerable tiger» (notice that the kanji was augmented with a pair of *human feet;* and read in the 3d tone), and the fox, well, the fox is called hu^2 li^2 -- and of the confusion remains only the punning locution 狐假虎威 hu^2 chia^3 hu^3 wei^1 *a fox purloins a tiger's authorithy,* meaning that someone «is boasting a power he doesn't hold».

Thus we have a tiger and a fox. The tiger is all right and presents no problem, especially since its kanji shows the characteristic stripes and human feet (for the Chinese tiger has human feet). But the fox is somewhat problematic: a) because its kanjis, as we have seen, are not too precise; and b) because it is certainly odd that two animals as different as a tiger and a fox - albeit equally transcendental should be designated by words that, to the ear, sound exactly the same. This makes one suspect that hu^2 *the fox* is a foreign word, an old loan word. Chinese paleophonetics claim that at T'ang times the fox was pronounced something like γoγak. I am not in a position to assess the correctness of this opinion.

One more reason for suspicion is that the hu^2 li^2, the fox as a transcendental creature, is reported to haunt northern China only; it does not haunt the south, although ordinary foxes must certainly live there in abundance. Nor does it behave like a fox: where and since when do foxes enter human houses, climb around in the timberwork? Doré says «mi-belette et mi-renard» half fox, half weasel; I would rather have opted for the marten; in my opinion the weasel is too small for what Chinese transcendental foxes do, namely, for instance, messing around with those heavy Chinese roof tiles; also, martens are notorious attic squatters and timberwork climbers. However these zoological considerations are irrelevant because for a Chinaman there is no doubt: the fox that can be seen, hunt and killed in the fields is potentially identical with the transcendental animal, the fiend that haunts attics, climbs in the timberwork, and deteriorates the roofing; and the Law codes of the Ming and of the Ch'ing dynasties forbid damaging tombs under pretext of digging up and destroying a fox family, even if such an action would clean the neighborhood of potential fiendish harm and alarm. For, pre-communist China was replete with tombs; some of them were quite old and decrepit and thus provided ideal housing for foxes. And, it is precisely by dwelling with the deceased, that these foxes absorb and accumulate huge amounts of that deadly *yin* essence that makes them wicked and dangerous and transcendental.

Because China, indeed, had no Aristotle and thus got herself an ontology that may appear fanciful to western philosophers. According to Chinese ontology, anything may change into anything else and vice-versa - very much like the animated cartoons of our television - which, alas!, owe nothing to Aristotle either. Moreover, no distinction is made between animated and inanimated: everything is animated or, at least, potentially animated; and at any moment it may change its shape or disappear altogether, only to reappear again either in its previous shape, or turned into something else. The result of this ontology on the traditional epistemology of the Chinese - I mean, on their sense of reality, or on their mind in general - was just as devastating as that of the animated cartoons on modem television watchers (even if they happen not to be addicted to any other drug in addition).

The fox-demons belong to the general category of were-demons, in Chinese 魅 mei[4], meaning creatures or objects (please remember: no distiction is made between animated and inanimated!) possessed of the faculty of changing at will into a human being. Far from being considered a fictitious matter of nursery tales, were-demons constituted an empirical part of the traditional Chinese universe. They were a reality of daily life and they used to keep China in constant fear. Now, among these were-demons, foxes hold a prominent place and are considered most dangerous - although they do nothing substantially different from what other were-demons do; but the fox is more sly, more intelligent, than all the other potential were-creatures or were-objects. As a consequence its tricks are more variegated, more unpredictable, hence also more interesting to narrate (there is a huge amount of literature on fox-fiends!) than all the tricks perpetrated by were-lizards or were-turtles, -weasels or -rats, nay, were-bugs, or what have you: an old broom, or an old bucket, or any old piece of furniture... because one must be old to acquire the qualities of a were-fiend.

Quite in general, Chinese feel uncomfortable with old stuff; and I wish to warn my young European colleagues: you certainly will not please your Chinese visitors by showing them around, let's say, in a *Heimatmuseum,* in old castles or old churches, or - God forbid! - the Kapuzinergruft. A lonely place, cool, dimly lit, moist - it's *yin*: and beware of those *yin* emanations! They may cause malady; and there may be foxes around or some other sort of transcendental vermin. Your Chinese friends may not state it in so many words, but with some tact you will sense their uncomfortable feelings.

Lonely, dimly lit, cool, moist - it's *yin*, and *yin* means female, and *yin* means sex. No wonder that all these transcendental vermin are intent on sex! In this they do not behave differently from the human females. Women too are intent on sex, which they use for snatching the *yang* essence away from their partner whom they selfishly overwork by bringing him to orgasm too violently, too soon, too often. It is, however, a matter of degree: sexual attraction and wickedness increase in proportion to the degree of *yin*-ness. Now, generally speaking, the *yin* potency of the human female, as high as it ever may be, is still low if compared to that of the mei[4], those were-fiends; and the highest *yin* potency of all is that of the ghosts of deceased people 鬼魂 kuei[3] hun[2] from which - precisely by dwelling in tombs - the foxes derive their obnoxious *yin* powers and qualities.

And this is what makes the fox-demons 狐狸精 hu[2] li[2] tsing[l] unique. Not only are their transcendental powers - like those of any other mei[4] - obtained by old age (with the foxes it's 500 years as a minimum), but these powers are incremented by their dwelling in tombs, with the deceased, and they are still further increased through the superior slyness and natural intelligence of the animal. Hence, at least to my knowledge, the fox is the only mei[4]-fiend that would be interested in stealing a legal document, for instance, or silver spoons, or any other human valuable. It is also - as far as I know - the only mei[4] that may present itself as a male: for, normally, *yin* creatures present themselves as females - logically; but not the foxes. Since there are male as well as female foxes - well, not all animals have two sexes: turtles and rabbits, for instance, are single sexed - but with foxes there are males and females, all right; and a male were-fox may present himself as a man, just as well; and a were-vixen as a woman, naturally.

The normal scenario is that of succubal coition: a lonely man, preferably a young scholar traveling to the Capital in order to take the State examinations, encounters a beautiful young lady, rich and superiorly attractive, with whom he experiences unfathomable delights. Forgotten are studies and examinations: sex is now the only preoccupation of the young man... His good karma, however, makes him encounter a holy sage (either Taoist or Buddhist) who, noticing his pale and debilitated appearance, guesses the truth: the young man is a sex-addict, he has fallen the victim of an «enticing fiend»(妖精 yao[l] tsing[l]); and he will be gone in a jiffy if he does not stop having intercourse with that demon. The holy man provides his patient with some amulet; the spell is broken; the enticing demon/ghost changes into its true appearance and leaves in dismay; the young scholar passes his State exam with distinction and marries the faithful young lady who was all that time waiting for his return. Happy ending. These stories, insipid and repetitious - as they normally are, may become quite impressive if told by Japanese moviemakers.

Now, this classical scenario of succubal intercourse applies indifferently to all sorts of mei[4] as well as to the vixen. But only a vixen may get pregnant from her human lover; and upon departing she takes the mestizo child with her. On the contrary, I know of no instance where a human woman was made pregnant by a fox. Obviously the fox-fiend is too much *yin* for being able to father in a human woman. For that it needs a human male.

Indeed, male foxes may act as incubus: this is quite unique. As already said, I know of no such instance with other mei[4], were-creatures or were-objects, but with foxes. Foxes in general and male foxes in particular are endowed with the power of assuming at will (not just human appearance, but) the appearance of any given person, and a male fox may thus copulate with an unsuspecting wife who in good faith believes it was her husband and just wonders, how well he had done this time. Most foxes do that trick out of sheer lechery; but it also happens occasionally that some honest fox marries incognito into a human family and proves quite satisfactory a husband - or, what is even more important: quite satisfactory a son-in-law - until his true nature gets revealed by accident and the humans chase him out and away - fearing that his excessive *yin*-ness may in the long run prove detrimental to the family.

There is a happy variant to the above-mentioned succubus scenario also: a boy fox befriends a young Confucianist scholar, and there ensues the intimate relationship of these two males that also includes (in Confucian manner) learning and drinking, and verse chanting and playing music in common. During that felicitous time the young scholar proves wondrously successful: indeed, the fox-fiend, naturally endowed of clairvoyance, tells his lover in advance all the questions of the examination and the correct answers too. The relationship may last for many years, undeterred by the eventual marriage of one and the other party... until time turns success into sorrow and by Imperial order the young State-officer is transferred to some distant place. And now, this important point: Such a help was not considered cheating; all to the contrary: it was considered morally desirable. Indeed, during the religious ceremony that opened the State examinations, the chief examiner solemnly conjured ghosts, foxes, and the like: «... Now the moment has come for ye, transcendental powers, to reward virtue, and show gratitude to your benefactors, now the moment has come for ye to punish vice, and take revenge for the wrong you may have suffered from any candidate here present.» Success was thus proof of moral integrity. Innumerable are the stories of transcendental help (or, on the contrary, of impeachment) at the moment of the State examinations.

The rationale underlaying this happy-ending type of fox story belongs to the domain of Chinese sex-mysticism which holds that, as opposed to heterosexual intercourse, homosexual intercourse presents no danger, nay it might be quite beneficial. *Yin* wins necessarily over *yang* as can be proven mathematically:

multiplying any *yang* number (viz. an odd number) with a *yin* number (viz. an even number), the result is always *yin* (viz. even); and only then is a *yang* number obtained, when multiplying an odd number with an other odd number. The same holds true for sexual intercourse: heterosexual intercourse profits only the woman: it allows her to acquire beneficial *yang* essence; the male, as a consequence, suffers a loss of *yang:* he trades his positive *yang* against obnoxious *yin,* and the fool is left debilitated both physically and mentally. The wise man therefore stays clear of women. Confucianists are known to be pederasts; and homosexual relations with fox-fiends may prove enjoyable for both sides as well as profitable. And not only for Confucianist scholars: we find instances recorded where tradesmen were informed by friendly fox-fiends of the future tendencies of the stockmarket; or peasants of the weather during the coming season.

Now, that's an important point still to be made: As opposed to other demons, fox-fiends are not necessarily vicious. If treated correctly, meaning, if some altar is built in their honor and food offerings made (and the Chinese used to do a lot of that), foxes may reward their human friends in many ways; but don't try to cheat them or do them miseries: then they may become wicked and quite dangerous. And there are edifying stories to the effect that many a female fox-demon behaves more ethically than many a woman.

Bibliography (utilized works)

Blauth, Birthe: *Altchinesische Geschichten über Fuchsdämonen: kommentierte Übersetzung der Kapitel 447 bis 455 des Taiping-guangji.* Frankfurt, Bern 1996. (Europäische Hochschulschriften.XXIV/50.)

Burkhardt, U. R.: *Chinese creeds and customs.* Vol. 3. Hong Kong 1958.

Doré, Henri: *Recherches sur les superstitions en Chine.* Chang-Hai 1912 (Variétés sinologiques No. 34: 1ère partie, les pratiques supersticieuses. Vol. 1.), p. 47-56.

Groot, J. J. M. de: *The religious system of China.* Vol. V. Leyden 1892 (pirated edition), preface.

Herrmann, Konrad: *Ji Yun «Pinselnotizen aus der Strohhütte der Betrachtung des Großen und des Kleinen».* Bremen (cpr. Leipzig/Weimar 1983).

Wieger, Léon: *Narrations populaires.* Ho-kien-fu 1903. (Rudiments. Vol. 5 et 6.)

Dorothée Kehren (Bonn)

The Fox in the Early Period of China. Texts and Representations[1]

When dealing with the fox in the early period we are being faced with two difficulties:

1) It seems that 狐 hu[2] served as a designation of a type of animal. It served as a collective term rather than a specific. In zoological terms there are about half a dozen animals to which the character 狐 might have been applied.

The people who wrote the texts in which 狐 appears most likely had never seen a 狐 alive. They probably knew it only as an animal which provided fur for the garments of courtiers – or as an omen – which again they could hardly have seen. They knew it from hearsay or writings.

2) As far as we know until now the 狐 was neither represented as an individual animal – like the tiger, the owl or even the hare – in bronze or clay, nor as a vessel, an incense-burner etc.

Michael Loewe in his book on *Ways to paradise. The Chinese quest for immortality*[2] devotes a page and a number of footnotes to the nine-tailed fox (p. 108/109) as the companion to the Queen Mother of the West. He conveniently sums up the relevant texts and scholarship devoted to the subject, in addition he points out the most important finds made until then. He mentions a «wine goblet; here the artist has portrayed a world of delights in which the Queen Mother of the West is receiving tribute from a whole host of animals and immortals.»[3] .

On the same page (p. 108) Loewe writes about «a bronze wine warmer which is dated in 26 BC» and lists a number of other examples of representations. His book contains plates with reproductions of mirrors and tomb-decorations on which we see the nine-tailed fox. These examples never appear as a sculpture but as decoration of a tomb or decoration on an object in a tomb that was to help the soul of the deceased on his way to paradise and/or immortality.

---

1 While in Chengdu/Sichuan I became aware of the nine-tailed fox in the Provincial Museum. My stay in Sichuan was made possible and arrenged within the framework of the exchange agreement betrween the Deutsche Forschungsgemeinschaft and the Academy of Social Sciences of the PRC. My thanks go esp. to Mr. Gert-Jobst Glombitza, DFG (Bonn), and Mr. Ao Changde of the Sichuan Branch of the CAS. My English constructions were smoothed out by Ms. Marianne Oort-Lissy (Leiden, The Netherlands). To her my gratitude for patience and encouragement!
2 London: Allen & Unwin 1979.
3 On Han-thought and the cult of immortality see Yü Ying-shi: Life and immortality in the mind of Han China. *HJAS* 25.1964/5, pp. 80-122, on Xi-wang-mu see Fracasso, Riccardo: Holy mothers of ancient China. A new approach to the Hsi-wang-mu 西王母 problem. *TP* 74.1988, p. 1-46; Kominami Ichirô: Seiôbo to Tanabata densho 小南 一郎: 西王母と七夕傳承. *Tôhô gakuhô* (Kyôto) 46.197 (and more recently, with numerous illustrations of more archaeological evidence, his book, by the same title: Tôkyô: Heibonsha 1991), and: Finsterbusch, Käthe: *Das Verhältnis des Schan-Hai-djing zur bildenden Kunst*, esp. p. 56/7 on the nine-tailed fox.

The first part of this paper presents a selection of quotations from early texts so as to help understand the role assigned to the 狐 at that time.

The second part of the paper will give an idea of how the 狐 was pictured, making use of illustrations.

Only a selection of texts will be given since Rémi Mathieu in his article ‹Aux origines de la femme-renarde en Chine› (*Etudes mongoles* 15.1984) offers and interprets most of the early written material.

The most detailed study of the fox-fairy is the doctoral thesis of Ylva Monschein[4].

Sometimes the interpretations that I give will be different from those by earlier authors. In order to enable the reader to draw his/her own conlusions the Chinese text will usually be given as well. In the Chinese text it usually is not specified whether a male or vixen is being talked about and the adjectives used to describe the creature in the text might be different as far as the Chinese is concerned but similar when translated. This especially concerns «dark» 黑, 蒼, or 玄.

Since early texts are often quite terse and sometimes even corrupt, it is crucial to pay attention to the exact wording.

It will not be possible to give a definitive answer to the question as to why the fox - white, nine-tailed, red, yellow or mysterious as we find him in early texts, makes his first appearance in graves impressed on bricks or incised in stone, or is depicted – occasionally on archaeological objects – usually at the court of Xiwangmu only in Han-period.

There might have been a kind of fear or taboo – but if so the question remains why this should have been the case for so long and restricted to the fox while many other wild, untamed animals were rendered in bronze or silver, or gold-inlaid in bronze.

The fox and similar animals which might have been called 狐hu[2] were found to have existed in China already at quite an early date. The Cuon major Del Campa or «dhole» is attested from the Middle Pleistocene.

The dhole and the racoon dog, Nyctereutes, which lives on small rodents, fish, nuts and fruits, found in Manchuria-Korea and southern China were very likely described when 狐 was being referred to in the texts, or various forms of foxes like the Steppe fox, the arctic fox etc.[5] .

Edward H. Schafer devoted a «Brief Note» to «The Chinese Dhole» (*Asia Major.* 3rd ser. 4,1.1991, pp. 1-6) . He points out that dholes «are distinguished from wolves, jackals and the like by their dentition. For the casual observer the difference lies rather in its rounded ears and reddish colour, although a yellowish brown color is reported in some individuals. It lives in burrows and hunts in packs.» The latter habit distinguishes it clearly from the vulpes family which – while living in burrows

4   *Der Zauber der Fuchsfee. Entstehung und Wandel eines «Femme-fatale»-Motivs in der chinesi-schen Literatur.* Frankfurt a.M.: Haag + Herchen 1988.
5   S. Aigner, Jean S.: *Archaeological remains in Pleistocene China.* München: C. H. Beck. (For-schungen zur Allgemeinen und Vergleichenden Archäologie. Bd. 1)

– does not hunt in packs. It appears alone or with a member or members of its family when training its litter and usually hunts at night.

2) Even if we restricted 狐 (GSR [*Grammata serica recensa*] no. 41 i.) to designating the vulpes family exclusively we are faced with the question as to why it is attested in texts like the *Shijing* 詩經 and the *Yijing* 易經 (hexagram no. 64) for example, or in the *Mu Tianzi zhuan* 穆天子傳 (卷之一 p. 1, l. 15.)天子獵于滲澤 於是得白狐玄笴. 焉 以祭於河宗, ... le fils du ciel partit chasser dans le marais de Shen. C'est ainsi qu'il prit des renards blancs et des blaireaux noirs pour les offrir en sacrifice au Fleuve jaune. (The quotations from the *Mu Tianzi zhuan* (No. 10) and the *Shanhaijing* (No. 9) are according to: Historical Works No. 9 and No. 10 (in one vol.) *A concordance to the Shanhaijing. A concordance to the Mu tianzi zhuan*, ed. by D. C. Lau. Hong Kong: Commercial Press, 1994). For a translation into French s. Mathieu, Rémi: Le Mu Tianzi Zhuan[6]. The hu thus must have played an important part in the thought of the early Chinese but no representation has been found which might date back to the times when the earliest sections of these texts were written.

The 狐 is mentioned as being eaten – except for its head. At least this is what may be concluded from the 禮記 *Liji*[7], where we find: «On ne mangeait pas la tortue qui nourissait des petits, ni les intestins du loup, ni les rognons du chien, ni le filet du chat sauvage, ni l'extrémité du dos du lièvre, ni la tête du renard, ni la cervelle du cochon de lait ...»

As a companion of 西王母 who is reported to be residing on Ku-lun 崑崙 Mountains which «belong to ancient mythological geography; as mountains in the far West where the Yellow River rises, they occur i. a. in the Erh-ya glossary (3rd cent. B. C.) in the fantastic geography of the Shan-hai ching, the Classic of the Mountains and the Seas (partly pre-Han) and in the Huai-nan-tzu (late 2nd century B. C.» (Hulsewé, p. 224, Leiden 1979) .

From this we may arrive at the conclusion that directly as a sacrifical animal and indirectly via 西王母 and the Kunlun Mountains the 狐 in the minds of the early Chinese had some connection with the Yellow River. The fact that it was eaten and its fur worn at court seems to exclude the supposition that a taboo might be the reason why it was not included among the numerous early representions of wild animals before the Han period when there is such a host of animals to be admired formed in bronze for example or inlaid in Shang or Zhou bronzes.

We do not know why the 狐 appears at the court of the Queen Mother of the West and there seems to be no text available to us now, that would explain its presence there.

The Queen Mother of the West was incorporated in the search for and the cult of longevity and immortality.[8]

---

6   Traduction annotée, etude critique. Paris: Presses Universitaires de France 1978, p. 16.
7   S. Couvreur, Séraphin: *Li Ki ou Mémoires sur les bienséances et les cérémonies*. Ho kien fou: Mission Catholique 1889. 2 vols. Sec. ed. 1913, p. 645, 29.
8   S. Yü Ying-shi: Life and immortality in the mind of Han China. *HJAS* 25.1964/5, pp. 80-122, esp. p. 98ff.

As it is mentioned together with other white lucky omen and has as courtier of Xiwangmu nine tails and sometimes even wings, in this context it might safely be interpreted as indicating good fortune.

Most of the textual evidence is mentioned and interpreted in the first part of Ylva Monschein's doctoral thesis, the article by Rémy Mathieu and Patricia Ann Berger: *Rites and Festivities in the Art of Eastern Han China: Shantung and Kiangsu Province.* Doct. diss., History of Art, Univ. of Berkeley 1980, chap. 4. Longevity and Immortality p. 147-190)

Therefore I will give just a few quotations mainly where I venture to disagree.

Returning to the question of which animals are to be grouped under 狐 I would like to point out that I insist on 狐 because this seems to be thought of when it is depicted sitting attentively near Xiwangmu's throne and thus enables us to form a more or less clear picture of it. There are only a few instances in which the (nine-) tailed fox appears without Xiwangmu, one is the gilt bronze wine warmer *zun* (dated 26 B. C.) of the Late Western Han period[9] and a tomb-tile on which the nine-tailed fox appears doubled-together with a bird (s. pl. 3 and 4). In this instance and by that time it seems to have been relegated to the function of an ornament, just like the bird (see pl. 3 & 4).

狐 In texts, its colours and their possible meaning:
In Song no. 41 of the 詩經 (B. Karlgren, p. 26/27, A. Waley, no. 28, p. 38) the third and last stanza begins with the couplet:
莫赤匪狐 Nothing is redder than the fox,
莫黑匪烏 Nothing blacker than the crow.

A. Waley in an addendum to these lines interprets: «And no one truer than I. » While B. Karlgren in his note to these lines explains:

«Properly: ‹There is nothing red, if it is not the fox›: I cannot fail to see the fox and the raven, animals of bad omen - I am threatened with great dangers. The fox is called *yao shu guei so cheng* ‹animal of bad omen, in which demons take their abode› in *Ki kiu p'ien* and *Shuowen*. For *wu* ‹the raven› as a bird of bad omen cf. ode 192. »

The full text of Song No. 41:
I 北風其涼 Cold blows the northern wind,
雨雪其雱 Thick falls the snow.
惠而好我 Be kind to me, love me.
攜手同行 Take my hand and go with me.
其虛其邪 Yet she lingers, yet she hovers!
既亟只且 There is no time to lose.

II 北風其喈 The north wind whistles,
雨雪其霏 Whirls the falling snow.

---

9 S. the exhibition catalogue *The Genius of China*. London 1973, plate and text p. 11, no. 175.

惠而好我 Be kind to me, love me,
攜手同歸 Take my hand and go home with me.
其虛其邪 Yet she lingers, yet she havers!
即亟只且 There is no time to lose.

III 莫赤匪狐 Nothing is redder than the fox,
莫黑匪烏 Nothing blacker than the crow.
惠而好我 Be kind to me, love me,
攜手同車 Take my hand and ride with me.
其虛其邪 Yet she lingers, yet she havers!
即亟只且 There is not time to lose.

If we picture the NORTHERN winter-scene described in the first two lines of I and II we are tempted to see the two animals mentioned in the first couplet of III on the background of white snow on which of course the crow and the raven look intensely black and the fox very red. The circumstances described make it clear that the speaker is worried and anxious. If we assume that the first two lines of all the stanzas have some meaning in common – as Karlgren seems to do, then the red fox and the black raven take on an ominous meaning.

But the first two lines of III break the pattern of those of I and II insofar as there is no direction given and no action described. The reason why the fox and the raven all of a sudden make their appearance in this text must have been easily understood at the time this text was composed. As we shall see in other texts the fox can carry a positive OR an ominous meaning.

The crow or raven, the latter often three legged when it is mentioned or depicted together with the fox, symbolises the sun and thus does not automatically forebode misfortune or disaster. The two lines:

«Nothing is redder than the fox»
«Nothing blacker than the crow»

could be taken as a kind of invocation: may the red fox and the black raven further a happy end to this undertaking. In view of the fact that Zuo Si (左思) (Taichong 太沖 c. 253 – c. 307) quotes our line among what obviously are considered lucky omens from the 毛詩 in his famous «Wei Capital Rhapsody» (transl. David Knechtges in *Wen Xuan*, vol. III, p. 461, lines 552 ff, notes p. 460). I am inclined to see the red fox and the black raven in Song no. 41 not as ominous as Karlgren in his commentary to these lines; nor am I convinced that it stands for «And no one truer than I» as Waley interprets, rather I think that the two animals are thought of as possibly helpful in a situation that is feared to come to naught.

山圖其石 «The mountains revealed diagrams in their stones
川形其寶 The rivers came forth with precious treasures.
莫黑匪烏 ‹Nothing is blacker than the crow›;
三趾而來儀 Here did the three-footed bird make an appearance.

莫莫赤匪狐 ‹Nothing is redder than the fox›
九尾而自擾 Here did the nine-tailed beast tame itself.
熹穎離合以尊 Auspicious grain, opening and closing, grew lush and thick.»

Since the *Liji* advises against eating the head of the fox, which indicates that the other parts were being eaten – the 狐 can not possibly have been a bad omen per se.

Another use that was made of the fox we learn from yet two other lovesongs from the «Book of Songs» (No. 146, Waley, no. 38)

First and second stanza:

I 羔裘逍遙 In your lamb's wool sauntering,
狐裘以朝 In your fox-fur at Court.
豈不爾思 Oh, how can I help thinking of you ?
勞心忉忉 My heart throbs with pain.

II 羔裘羽 翔 In your lamb's wool roaming,
狐裘在堂 In your fox-fur there in the Hall –
豈不爾思 Oh, how can I but think of you?
我心憂傷 My heart is sad and sore.
and no. 130 (Waley, no. 181)

終南何有 On Mount Chung-nan what is there ?
有條 有梅 There are peach-trees, plum-trees,
君子至止錦衣狐裘 My lord has come in damask coat, in fox furs,
顏如渥丹 His face rosy as though rouged with cinnabar.
其君也哉 There is a lord for you indeed !

(F. N. to «Chung-nan: South of Hsi-an Fu, Shensi» Waley, p. 190, F. n. 2)

Song no. 154 (Waley, No. 159, p. 164-167) might be called a kind of work-song: in it the seasonal occupations are being enumerated:

一之日于貉 In the days of the First we hunt the racoon,
取彼狐狸 And take those foxes and wild-cats
為公子裘 To make furs for our Lord.

The use of fox-fur is explained in «The Comprehensive Discussions in the White Tiger Hall»白虎通, (vol. 2, p. 600, transl. by Tjan Tjoe Som 曾珠森; Leiden 1949) in chap. XXXVII/223 – «Robes», where we are being told:

«a. The fur (裘) is the additional (to the common ones) made by handiwork of women, in order to increase the warmth.

b. Anciently, with black upper garments the fur of lamb (was worn), and with yellow upper garments the fur of foxes. (the transl. points also in f. n. no. 8 to Lun Yü X. 6, and chap. Yü tsao of the Li Chi (C. I. 696) . »

Thus it is very clear indeed that at court fox-fur was worn by the lords and as we shall see in the following quotation, served to distinguish the different levels of hierachy, because in the the same part of the same text – «The Comprehensive Discussions in the White Tiger Hall» (p. 601, c.) we further read: «Therefore, when the Son of Heaven (wears) white fox (-fur) 狐白, the Feudal Lord yellow, 狐黃the great officer dark, 狐蒼 the common officer lamb's fur, it is also for the sake of the distinction between the high and the lowly. This is also indicated by Song no. 225, Waley, no. 52, p. 52) :

彼都人士　That knight in the city,
狐裘黃黃　His fox-fur so brown,
其容不改　His pose unchanging,
出言有章　His speech well-cadenced.
行歸于周　He was coming back to Chou,
萬民所望　And all the people stood gazing.

Michael Loewe traces the history and development of the image and the cult of the Queen Mother of the West in chapter four of his book *Ways to Paradise* where he devotes a paragraph to the nine-tailed fox (p. 108/109).

That the nine-tailed fox was most likely a fox with a bushy tail and very strong is further illustrated by a quotation from 曹植 Cao Zhi (192-232). In his poetry he associates the fox with a desolate place as do most poets, but in his 上九尾狐表 (曹植集校注 卷二, p. 235/6) he writes about a pack of foxes that he claims to have seen behind him and in whose center there was a proud specimen with a long bushy tail, which afterwards Cao Zhi recognises as the nine-tailed fox that augurs the reign of a virtuous king (for a German transl. see Monschein 1988). Ylva Monschein, as does the Chinese commentary, points out, that obviously the date has been changed to adjust the timing of the sighting of this fox in order to use it as a good omen for the reign of 曹丕 Cao Pi, 曹植 Cao Zhi's elder brother.

But I wonder what Cao Zhi really saw. If he just saw a pack of animals following him, these might have been wild dogs or dholes rather than foxes as foxes do not live in packs. When animals move in groups they usually put the weakest member in the middle, the pregnant female or the young. It is rather unusual that the most imposing and strongest of the pack should be in the center of the pack:

黃初元年十一月二十三日於　歆鄄城縣北　見聚狐數十首在後　大狐在中央　長七八尺赤紫色　舉頭樹尾　尾甚長大　林列有枝甚多　然後知九尾狐　斯誠聖王德政和氣所應也

«In the first year Huang Chu (of ‹Yellow beginning›) in the 11th month on the13th day north of Kuan Cheng district (Shantong) I noticed behind me a pack of foxes of several tens (several dozen), a big fox in its middle, seven or eight feet long, of a red purplish (or: deep red) colour, with raised head, upright tail, its tails really very long and large, densely arrayed (?), it had many ‹branches›. Afterwards I knew (that this must have been) the nine-tailed fox. This is really what corresponds with a sage king, virtuous gouvernment and peaceful atmosphere.»

Thus we may conclude that the nine-tailed fox was considered a good omen announcing a sage king and peaceful government. For this reason it was sighted by Cao Zhi – whether he saw such an animal and whether the pack of animals he saw following him were really foxes may be doubted especially because foxes do not travel in packs, but wolves, dholes, jackals and wild dogs do.

In note 114 M. Loewe quotes from Tjan Tjoe Som's translation of the *Behutong* (5. 2b, Tjan, vol. 1 pp. 241ff) where the answer to the question of why the fox must appear with nine tails is given as follows:

«When the nine concubines (of the King each) receive their proper places, his sons and grandsons will enjoy abundant peace. Why (is the emphasis laid) upon the tail ? It is to indicate that his posterity will be numerous.» This seems to connect the nine tails of the fox with rich progeny, but the King did not neccessarily limit his harem to nine concubines. We may also assume that next to the King there was a queen.

Returning to «The Comprehensive Discusions in the White Tiger Hall» (in the same paragraph quoted above on «Robes», p. 601) we find under c.

Since there are so many (species of) animals, why (did they) only use (the fur of) a fox and a lamb? To profit by its being light and warm. (Besides, the fox's fur was used) because a dying fox turns its head towards the hill (where it was born); meaning that a Noble Man never forgets his origin. (So the fur of) a lamb was used because it kneels down when it sucks (, which indicates) respect and obedience. Therefore, when the Son of Heaven (wears) white fox (-fur), the Feudal Lord yellow, the great officer dark, and the common officer lamb's fur, it is also for the sake of the distinction between the high and the lowly. »

Evidently for the Han Chinese the fox and its fur carried positive connotations in a moral sense since its behavior when dying was being interpreted as displaying piety – and it was worn at court in different colours not only for its warmth but also i. o. to distinguish between the different ranks of the gentlemen.[10]

In the «The Heavenly Questions»天問 (translated by David Hawkes as part of the *Chuci* 楚辭 (Hawkes, David: *Ch'u Tz'u. The Songs of the South.* Oxford 1959, p. 58). the following question is being asked: (line 19) «How did the Mother Star get her nine children without a union ?» A bit later in the same text (p. 49, line 51) we read: «Where is it that people do not age? Where do the giants live? Where is the nine-branched weed?» It is difficult for us today to assign the proper qualities to numbers, colors, animals, plants etc. that were being used at that period.

---

10 The Chinese text from 白虎通疏證 新編諸子集成 中華書局, Beijing, 1994, 2 vol., p. 434-435:
右總論衣
裘 古者緇衣羔裘 所以佐女功助溫也
古者緇衣羔裘 黃衣狐裘
禽獸眾多 獨以狐羔何? 取其輕煖 因狐死首邱 明君子不忘本也
羔者 取其跪乳遜順也 故天子狐白諸候狐黃 大夫狐蒼 士羔裘 亦因別尊 卑也

Clearly something heinous is being hinted at in the 天問 «Heavenly Questions» (line 72) «Cho took to wife the Black Fox, and the Dark Wife plotted with him» … 泯娶純狐妻謀» (please note 純狐 and 眩妻). In his «Die Sprüche der ‹Wandlungen› auf ihrem geistesgeschichtlichen Hintergrund» (Akademie Verlag Berlin, 1970) Gerhard Schmitt (p. 122ff) discusses the meaning of hexagram 64: 未濟亨 小狐汔濟 濡其尾挴攸利

«Noch nicht über den Fluss sein. Opfer werden dargebracht und angenommen.
Die kleine Füchsin hat beinahe das Gegenufer gewonnen, da netzt sie sich ihren Schwanz.
Es gibt nicht, wo es nützt.»
«Not having yet crossed the river, sacrifices are being offered.
The little fox has almost reached the other shore, it gets its tail wet, there is (GSR 1077) nothing by which it could profit.» G. Schmitt uses this and a few other texts to construe a connection between the «little fox» of the 易經 Yijing hexagram and the «Dark Wife» of the 天問 «Heavenly Questions». As in the text of hexagram 64 the 狐 is qualified by 小 but not by any character hinting at black, consequently it is difficult to follow Schmitt in his conjecture at this instant. With his other arguments and quotations he makes a connection with the «Dark Wife» and other dark or black vixen which carried sinister connotations quite probable. But in his treatment of the «little fox» as a «little vixen» – he seems to me to find something in the text that he is looking for although it is not there really. There is nothing in the Yijing texts that calls for treating the «little fox» as a being of the female genus while the context of the quotation from «Heavenly Questions» makes it clear that a female fox is being indicated.

If a small fox wets its tail while crossing a river, this might indicate that the ice is very thin, certainly not strong enough to make it advisable for a man to cross the river. It seems that the «little fox» is mentioned here to warn or caution when preparing for a risky undertaking. (s. also Monschein 1988, p. 44) . If we follow the entries 狐聽 (DKJ vol. 9, p. 7595a) and ibid. 狐濡尾 (p. 7596), the small fox has not enough experience and is not careful. Consequently when he listens to the ice, tests its thickness, the young fox is daring and might not be able to assess the dangers properly. A grown fox knows when the ice will support him. Human beings may follow the lead of a grown fox over the ice but not a young one (says the DKJ).

In any case the hexagram and the implications of the young fox getting its tail wet according to the DKJ mean that the beginning is easy but the end might well be difficult.

The quest for immortality became a fashion, especially during the Former Han-Period when expeditions were sent out to find the Island of Penglai 蓬萊 where the herb of immortality could supposedly be found. When all the recipes of the fangshi 方師 which gained great influence at court failed to yield the desired result, the search turned to the Western Regions about which at that time not too much first hand information was available. Above all knowledge about the identity and characteristics of the various foreign people which lived in the border area and beyond was rather scanty, sometimes controversial and certainly mixed with mythological elements. This of course does not mean to say that these regions their people and their creeds did not have any influence on the imagination of the Han-Chinese. To find an explanation for the appearance of Xiwangmu and the development of her and her court's iconography scholars looked at this area to find a possible source.

Yü Ying-shi (*HJAS* 25.1964/5, p. 88) says that: «In general, during the Western Chou period (1122-771 B. C.), people only prayed for limited longevity and natural death. But during the Ch'un-ch'iu period (722-481 B. C.) people became more avid and began to pray for escape from old age as well as for ‹no death›. The idea of immortality may very well be regarded as a result of the intensification of the wordly desire for longevity and need not be interpreted wholly in terms of exotic impact. In a footnote (p. 88, n. 36) Yü Ying-shi discusses the research of Xu Zhongshu who «insists that the idea of physical immortality was brought into China by the northern Ti 狄 people of the Eastern Chou period. (Hsü Chung-shu 徐中舒, 金文嘏辭釋例 «Terms and Forms of the Prayers for Blessing in the Bronze Inscriptions». *CYYY* 4.1936).» while, as Yü points out «Wen I-to is of the opinion that immortality in the sense of ‹no death› was imported to China by the Ch'iang 羌 people from the west.» (聞一多: 神仙考 in 神話與詩. Peking 1956, esp. 154-157).

Yü Ying-shi does not agree with these two authors or rather points out that they «fail to produce evidence strong enough to substantiate their theories.» Yet even if we agree that the various stages of belief in and search for longevity to immortality might be a development inherent in the desire for a long and healthy life, we still do not know how this became connected with a cult of the Queen Mother of the West and the custom of depicting her in tombs together with a number of animals with mythological properties. The Queen Mother of the West was thought to be lodging on Mount Kun-lun where the source of the Yellow River was supposed to be.

Should one look for possible sources or influences which contributed to the formation of these ideas and their figures – one possible direction would be the north or north-west with its nomadic tribes and their creeds or for the Chinese at that time as transmitters of new ideas, thoughts and images.

Qiang 羌 acc. to Hulsewé (1979, p. 80. F. N. 69) is «a general term for the tribes living to the southwest of the Kansu corridor, mostly in the area of present-day Ch'ing-hai province.» They are mentioned together with the Di in the book of Odes, Song no. 305, l. 2 as Hulsewé (1975, p. 101, n. 178) points out.

維女荊楚 居國南鄉 昔有成湯 自彼氐羌 莫敢不來享 莫不敢不來王
曰商是常

In Karlgren's translation this reads:

«You King-Chu, you dwell in the southern region of the state;

anciently there was T'ang the Achiever; all from those Ti and K'iang, there were none who dared not come and bring offerings; there were none who dared not come to audience; Shang will have them forever.»

Waley, (No. 255, p. 279) :

«O you people of Ching and Ch'u,
You must have your home in the southern parts.
Long ago there was T'ang the Victorious;
Of those Ti and Ch'iang
None dared not to make offering to him,
None dared not to acknowledge him their king,
Saying, ‹Shang for ever !›»

Chu was in the region of what is to a great extent present day Sichuan, where numerous baked hollow bricks decorated with Xiwangmu and her court were found.

The 羌 or part of the Qiang, lived in the neighbourhood of the Xiongnu. In any case it seems that Xi-wang-mu and her cult played an important role and developed its special iconography in areas which were in the south-west, inhabited by or in direct contact with tribes which moved about a vast region, including Chu and part of the Gansu-corridor.

Werner Sundermann in «Ein manichäisch-soghdisches Parabelbuch»[11] groups stories concerning snakes and foxes with several heads or several tails together under the motif of the versions of stories describing the struggle or debate among different members of the body as to which is the most important one; the lesson usually being that all members have to co-operate and should rely on each other.

The most clearly developed images of Xiwangmu, accompanied by a number of animals including the nine-tailed fox, which all have a definite meaning and function at her court were found in Sichuan (pl. 1) and in Shandong (pl. 2). The further we move from these areas - the less consistently these creatures are being depicted and arranged. There is a noticable difference between the technique in which these tomb-decorations are worked: While in Sichuan moulded, hollow and baked bricks seem to have been the favorite material; in Shandong stone-slabs were being used to build the tombs and the decorations were incised (as the slab from Jiaxiang, Shandong[12]) or worked in a kind of bas-relief. In Shantong we find the scene of Xiwangmu with her court consistently in the gable of the tomb. As Käthe Finsterbusch pointed out[13] among these there is a fox with a double oboe – which is a frequent motive in Egyptian art.

This would lead us to Anubis, the chief of those who are in charge of mummification, of accompanying the dead to the other realm or as waiting for the departed in the other realm. Because the Chinese at this time already had contacts with their neighbours and these were more often than not tribes that had moved about a lot one should not rule out the possibility that one way or another images of the jackal or dog-headed or masked god had found their way into China in the form of amulettes, seals etc.

---

11 Berlin: Akademie-Verlag 1985, p. 65/66.
12 S. Wu Hung: *The Wu Liang Shrine. The ideology of early Chinese pictorial art.* Stanford: Stanford University Press 1989, p. 116.
13 *Verzeichnis und Motivindex der Han Darstellungen.* Bd. I: Text. Wiesbaden 1960, p. 211, Bd. II: Abbildungen und Addenda.Wiesbaden 1971.

In any case, especially in the Shandong area, the shape which the fox takes on when depicted in graves is reminiscent of jackals and similar animals. As Käthe Finsterbusch lists and reproduces the rubbings and photographs according to areas in which they were found it is easy to see that most representations of Xiwangmu together with the (nine-tailed) fox were so far found in what is now Sichuan, Shandong and Henan. There is one listed and reproduced from Yunnan (repr. no. 260a). It might be appropriate to mention here that the nine-tailed fox found its way to Vietnam as a «spirit» 精 living for ex. in a little hill.[14] Unfortunately I do not know at which time the Queen Mother of the West and her entourage arrived in Vietnam.

Also I would like to point out a cameo of an Anubis now in the Ermitage / St. Petersburg – found in Ephesus, at the Northern Black Sea Coast coast, dated to the 3rd cent. A. D. as illustration no. 2, p. 42 to an article by O. Neverov: «Reflection of Oriental cults in glyptics from the Northern Black Sea coast», p. 41-43 in: *Reports of the State Hermitage Museum*. Leningrad: Aurora 1977). This fox-like Anubis is holding two (olive ?) branches in each of its front-paws. The nine-tailed fox from Shandong, from the Wu-liang shrine is shown with one stick or «baton» as Käthe Finsterbusch calls it.

Clearly this Anubis looks very much like a fox while some of our Han period foxes, especially those from Shandong tend to look more like jackals than foxes. In view of this it is tempting to look for an explanation of the meaning and function of the fox in Chinese graves to the dog- or jackal-headed Anubis and his iconography and some of his functions.

All these representations seem to have in common that they were found in tombs, which seems to indicate that the nine-tailed fox – with or without the Queen Mother of the West was supposed to be of aid to the desceased. Either the scenes with the Queen Mother of the West, were reproduced i. o. to point at the delights which awaited the deceased once the soul had accomplished the journey from this world to the next – or it was hoped by those who dedicated these illustrations that longevity or immortality could be achieved through their aid. Anubis i. o. to have served as an inspiration for the Chinese custom in the Han-period to depict the fox in tombs does not need to have exactly the same function and meaning as Anubis had for the Egyptians. After all – images travel easier than their interpretation – images might be kept and appreciated for having special functions – but these functions might change when they enter a different culture.

The fox in Chinese early literature and archaeology does not always have nine (or almost nine) tails. Which color he was meant to have when being depicted on tomb-tiles or bronze-objects we do not know.

As pointed out above Loewe (p. 108) mentions a «bronze wine goblet; here the artist has portrayed a world of delights in which the Queen Mother of the West is receiving tribute from a whole host of animals and immortals.» On the same page

---

14 S. Stein, Rolf A.: *The world in miniature*. Container gardens and dwellings in Far Eastern religious thought, transl. Phyllis Brooks. Stanford Univ. Press 1990,61.

Loewe speaks of «a bronze wine warmer which is dated in 26 B. C., and a relief from Suining (Kiangsu) .

The nine-tailed fox is also carved «in the jade screen from Ho-pei» which is reproduced in Loewe's book (plate XXIII) along with mirrors.

Of course, since Finsterbusch and Loewe published their books more examples of Xi-wang-mu and the (nine-tailed) fox have come to light. For a useful survey see: «Notes on Paintings of the Han-Jin Dynasties Unearthed West of the Yellow River» (*Wenwu* 1978. 6: 59-71). For an English abstract of this article s. Dien, Riegel, Price: «Chinese Archaeological abstracts» "Eastern Zhou to Han". Monumenta Archae-ologica, no. 10, Univ. of California, 1985).

It seems that a few examples of our theme were found in Henan (*Kaogu* 1963:11, pp. 590-594, Dien, Riegel, Price. p. 208 with repr. of the rubbing from a brick relief from Tomb no. 33 from Erlikang showing the nine-tailed fox talking with a bird sitting on a branch. In this context, because it is repeated twice and shown under-neath a dancing scene the fox seems to have lost here the meaning that it had when it was a courtier of Xiwangmu, see pl. no. 3 & 4, from 周到，呂品，湯文興 編：河南漢代劃像磚。

上海人民美術出版社，1986. For two more with bird(s), Xiwangmu and 狐 s. rep. 97 and 93, in the same book.

At the end of this paper I would like to show a colour reproduction of a Wei dynasty wallpainting from Dunhuang which nicely illustrates how earlier Chinese mythology was incorporated in Buddhist art in that period. In the landscape, among the mountains that are being used for meditation, we see an animal very much like the white fox. As the same wall also depicts more creatures from the Shanhai-jing it seems very likely that – even though the front-paws are again very long indeed, this is meant to be 狐hu[2] the animal talked about in the book of (largely mythological) geography (*Shanhaijing*).

Fig. 1. Sichuan: Rubbing of a moulded brick, showing Xiwangmu under a canopy, sitting on or being guarded by the dragon to her right and the tiger to her left. The nine-tailed fox, on low legs, seems to be in conversation with the tiger, standing on a whisp of cloud. In front or rather below we see the dancing toad and the hare with 靈芝, on the same level, opposite the hare is the three-legged crow, these three being the symbols of the moon. The standing emaciated figure, bare-legged and bare-armed, with a strange hair-style or headdress is usually explained as a shaman. The human world (?) is represented by a crouching courtier, there is a low table and two more humans are shown sitting or kneeling on the other side of the table. The brick is moulded in such a way as to frame the scene, which makes it clear that this is meant as one complete scene.

Fig. 2. Rubbing of an incised slab from Jiaxiang, Shandong, decoration of the gable of a tomb, first century A.D. (s. p. 116, fig. 47, The gables in the in the world of immortality. In: Wu Hung: *The Wu Liang Shrine.* Stanford Univ. Press, 1989.)

Fig. 3. Anubis with an olive-branch (?). Cameo, third cent. A.D. Eremitage, St. Petersburg.

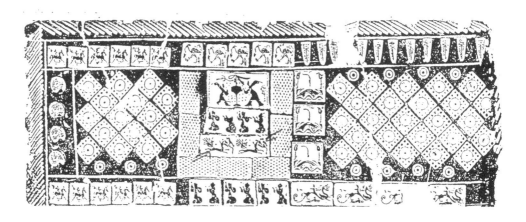

Fig. 4.-5. The nine-tailed fox and the three-legged crow. Original size (from: 河南漢代畫像磚, 1986; rubbing of a brick relief from Henan, the entire wall of the tomb repr. from *Kaogu* 1963, II, p.594.)

Fig. 6. From: Roderick Whitfield: *Dunhuang, caves of the singing sands* (London 1995) and the article by Duan Wenjie: Recherche sur le style et le contenu iconographiques de la grotte 249 de Mogaku. In: M. Soymié (ed.): *Les peintures murales et les manuscrits de Dunhuang*. Proceedings of the Franco-Chinese Colloquy organized by the Fondation Singer-Polignac. Paris 1984.

Erling von Mende (Berlin)

Warum brach man dem Fuchs das Genick?

Einige versprengte Bemerkungen über seine ökonomische Umsetzung

Henry Serruys (*Sino-Mongol relations under the Ming III: Trade relations: The horse fairs (1400- 1600)*. Bruxelles 1975, S. 127) zitiert die *Manzhou shilu*, um die Tributsituation der Manjurei um etwa 1580 zu charakterisieren. Neben Perlen und Ginseng waren dies verschiedene Felle, darunter die vom Schwarzfuchs, Rotfuchs und dem sogenannten *yuanhu* 元狐. Zumindest erwähnen hätten die *Shilu* auch den Honig und Pilze können.

Die Fuchsjagd

Im *Han Han Ch'ŏng mungyŏm* (Nachdruck 1955) erscheint *yasha* (Fangnetz) nur in der Verbindung *dobi yasha* (Fuchsfalle) und gehört damit offensichtlich zu der sehr speziellen Reihe von Fanggerätschaften sub *dasheng lei* 打牲類 (pp. 302b-308c). Auch im umfangreicheren *Wuti Qingwen jian* (Nachdruck Beijing 1957, S. 3072) ist es das einzige für die Fuchsjagd genannte spezifische Gerät, das chinesisch als Falle (*taozi* 套子) identifiziert wird. Beschrieben wird die Fuchsfalle im *Xin Man Han dacidian* (Ürümqi 1994, S. 187) als mehr als zwei Fuß lang mit einer zwei Fuß breiten Öffnung, die vor dem Ausgang des Fuchsbaus placiert wird. Danach wird von der gegenüberliegenden Seite Rauch in den Fuchsbau geleitet, damit der Fuchs ausbricht und sich im Netz verfängt. Dies ist auch nach Bernard Read unter Berufung auf das *Bencao gangmu* (*Chinese materia medica: Animal Drugs*. Peiping [1]1931. Nachdruck Taipei 1982, Nr. 374, wo auch etwas über die eher bescheidene medizinische Bedeutung des Fuchses gesagt wird, die im Folgenden nicht weiter verfolgt wird) die Art, in der man Füchse fängt. Weniger elegant scheint nach Ling Chunsheng (*Songhuajiang xiayou de Hezhe zu*. [1]1941. Nachdruck Shanghai 1990, S. 91) die Fuchsjagd bei den Hezhe gewesen zu sein. «Wenn die Sonne versinkt, tauchen die Rotfüchse an den Flüssen und Bächen auf. Sehen sie Menschen, ducken sie sich auf die Erde, strecken die Vorderläufe vor den Kopf und bleiben unbeweglich. Wenn sie von den Jägern entdeckt werden, reizt man sie, sich umzudrehen und schlägt ihnen solange mit einem Knüppel ins Genick, bis sie tot sind. Oder man faßt sie an den Vorderläufen und schlägt sie auf den Boden, um ihnen die Hinterläufe zu brechen. Hunde werden neben der Zobel- und Tigerjagd auch zur Fuchsjagd verwandt. Sie verbeißen sich im Genick bis der Fuchs tot ist.»

Insgesamt erfährt die Fuchsjagd, obwohl Füchse in der Regel als jagbare Tiere genannt werden, nicht die detaillierte Beschreibung wie die auf Großwild oder andere kostbarere Pelzlieferanten. Lediglich in der ethnologischen Aufnahme der Ewenken (*Nei Menggu zizhiqu Hulunbeier meng Ewenke zu zizhiqi Huisuomu diaocha baogao. Ewenke zu diaocha cailiao* 4. 1959, S. 82) werden sechs Fangmethoden genannt, mit Fangeisen, mit Gift, zu Pferde, durch Rauch, mit Hunden und durch Aushungern. Die

Vernachlässigung des Fuchses ist, obwohl die Manjurei ein «Fuchsland» ist, keineswegs ein bloßes Merkmal chinesischer Berichterstattung. Er wird ebenso sehr bloß am Rande oder gar nicht von den großen westlichen Jägern Arsenjew und Bergmann und nur unspezifisch von Alexander Hosie (*Manchuria: Its people, resources and recent history*. Boston, Tokyo o. J., S. 103-113) erwähnt.

Zur Klassifizierung der Füchse und zu ihrer Benennung

Hauer listet neben dem generischen Terminus *dobi* (Fuchs) den *boro dobi* (*qinghu* 青狐, Blaufuchs oder Graufuchs, so Hauer sub *boro dobihi*), den *yacin dobi* (*heihu* 黑狐, Schwarzfuchs), den *lujuri dobi* (*yuanhu* 元狐, ebenfalls Schwarzfuchs, wobei *lujuri* allein im *Wuti Qingwen jian*, S. 3300 mit *hei yuanhu pi* 黑元狐皮 übersetzt und überdies mit *sahaliyan dobihi* gleichgesetzt wird) und den *kirsa* (*shahu* 沙狐, Korsak, Wüstenfuchs) auf. In chinesischen Texten erscheinen daneben noch *wodao* 倭刀 (für *qinghu*, so auch *Wuti Qingwen jian*, S. 3299), *huohu* 火狐 und *huanghu* 黃狐 (Rotfuchs), so im *Jilin tongzhi* (1891/1900, j. 34, 12b-13a = S. 604, ed. Changbai congshu) nach dem *Ming yitong zhi*, dem *Shengjing tongzhi*, dem *Ningguta jilüe* und dem *Qidan zhi*.

Ergänzend nennt Shen Zhaoti 沈兆褆 (*Jilin jishi shi*吉林紀事詩. 1911, ed. Changbai congshu, S. 209) noch *baihu* 白狐, die nach Zhang Fengtai 張風台 (*Changbai huizheng lu* 長白匯征錄 ursprgl. *Changbai zhengcun lu* 1908, ²1909, ed. Changbai congshu, S. 152-153) dann so genannt werden, wenn das Fell unmittelbar hinter den Vorderläufen rein weiß ist. Im *Jilin zhishu* 吉林志書 (letzte Eintragung Jiaqing 18 = 1813, ed. Changbai congshu, S. 136) werden, was häufiger vorkommt, Füchse mit weißem Fell und schwarzen Haarspitzen (*baimao shaohei huli* 白毛梢黑狐狸, auch im *Wuti Qingwen jian*, S. 3299 = *cikiri dobihi*. Hauer: Fuchspelz mit weißen Stichelhaaren) und ein einziges Mal dunkle Füchse (*xuanhu* 玄狐 = ? *yuanhu*) genannt.

Zur Verwendung der Fuchspelze

Kawachi Yoshihiro (Ming dynasty sable trade in Northeast Asia, in: *Proceedings of the 35th Permanent International Altaistic Conference, September 12-17, 1992, Taipei, China*, ed. Ch'en Chieh-hsien. Taipei 1993, S. 193) zitiert das *Zhuozhong zhi* 酌中志, j. 14, wonach am Ende der Ming-Zeit ? jährlich mehr als 10.000 Zobel- und mehr als 60.000 Fuchspelze am Hofe für Kleider und Möbel verbraucht wurden.

Auch im *Dongbei minsu ziliao huicui* 東北民俗資料薈萃 (Hrsg. Chen Jianwei 陳見微. 1993, ed. Changbai congshu) finden sich eine Reihe von Hinweisen auf die Verwendung von Fuchspelz für Kleidung, häufiger allerdings auf die unspezifische Verwendung von Pelz im spättraditionellen und republikanischen China. Besonders verbreitet ist die Verarbeitung von Fuchspelzen bei Winter- mützen. So bestehen die sogenannten «Ohrläppchenmützen» (*erduomao* 耳朵帽; im *Wuti Qing-wen jian*, S. 3239 erscheint die Mütze mit Ohrklappen *šabtungga mahala*, chinesisch *huermao* 護耳帽) zwar aus Filz, sind aber mit Ohrenschützern aus Fell, oft Fuchsfell, versehen. Die sogenannten «Vierfreudenmützen» (*siximao* 四喜帽) oder «Vierziegel[mützen]» (*sikuaiwa* 四塊瓦), die von Angehörigen der reichen Familien getragen werden, sind aus Satin und haben vier Pelzteile zum Schutz der Ohren, des Nackens und der Stirn (S. 176). Ein weiterer Verwendungszweck sind am Gürtel befestigte Pelzstückchen (S. 176). Das *Tonghua xianzhi* 通化縣志 von 1927 berichtete, daß die Städter bereits gern westliche Kleidung trugen, daß aber diejenigen, die traditionelle Tracht bevorzugten, zum langen Oberkleid und zur Jacke im Winter auch lange Mäntel (*chang* 氅) trugen, die aus Fuchsfell sein und, aber wohl eher bei Verwendung teurerer Pelzsorten, einige hundert Goldstücke kosten konnten (S. 176). Zhang Fengtai (S. 153) beschreibt die aus dem Fell weißer Füchse gefertigten Mäntel als leicht und warm. Mützen u. a. aus Fuchspelz erwähnen das *Jilin xinzhi* 吉林新志 von 1934 (*Dongbei minsu ziliao huicui*, S. 180) und das *Heilongjiang zhigao* 黑龍江志稿 von 1933 (S. 185). Sie sind auch für die Oroqen (S. 497) belegt, während es von den Daur heißt, daß sie Mützen aus der Kopfhaut des Rehs oder Fuchses (S. 570) tragen. Auch andere, unspezifiziert als Pelzmützen bezeichnete Kopfbedeckungen mögen aus Fuchspelz gewesen sein.

Offensichtlich gern zusammen verarbeitet wurden Fuchs- und Marderfelle (so im *Boduna xiangtuzhi* 伯都訥鄉土志 für Fuyu von 1891, in: *Dongbei xiangtuzhi congbian*, S. 764).

Auf einer Seidenstickerei von ca. 1875 erscheint eine Gottheit in manjurischer Pelzjacke (*Secret splendors of the Chinese court: Qing dynasty costume from the Charlotte Hill Grant collection*. Denver 1981, S. 15), wobei der Pelz nur tentativ als Hermelin oder als *beimao shaohei huli* identifizierbar zu sein scheint.

Lediglich anekdotisch sei erwähnt, daß im *Da Zhonghua Jilinsheng dilizhi* 大中華吉林省地理志 von 1921 (S. 181) Fuchspelze für Muffs (*piweixiu* 皮圍袖) erwähnt werden, die gern von vornehmen westlichen Damen getragen werden.

Zum Wert von Fuchspelzen, zu ihrer Menge und zur Lieferart
Das *Da Zhonghua Jilinsheng dilizhi* enthält überdies eine der wenigen Preisangaben für verschiedene Pelze (S. 181-182), woraus hervorgeht, daß sich die Preise für allerdings nicht näher spezifizierte Fuchspelze zu diesem späten Zeitpunkt zumindest im unteren Bereich der Preisskala bewegten.

Tiger	< 1.000 *yuan*
Zobel	< 100
Leopard	100
Pferd, Kamel, Bär	60
Kragenbär	40
Wolf	40
Fuchs	30-40
Luchs	< 40
Marder	< 10
Otter	< 50
Eichhörnchen	< 3-4
Korea Iltis	< 4

Im *Fakuting xiangtuzhi* 法庫庭鄉土志 von 1907 (in: *Dongbei xiangtuzhi congbian*,
S. 506) wird allein der Zobel als besonders kostbar angesehen. Die Felle von
Mauswiesel, Eichhörnchen, sibirischem Wiesel, Otter, Fuchs, Marder, Tiger, Leo-
pard, Hirsch und Reh werden als gut bezeichnet.

Nun ist Fuchsfell keineswegs gleich Fuchsfell. Rotfüchse (*huanghu*) sind wegen
ihres rauhen Fells nach dem *Xiuyanzhou xiangtuzhi* 岫岩州鄉土志 von 1909, in:
Dongbei xiangtuzhi congbian. Shenyang 1985, S. 288, zur Verarbeitung weniger ge-
eignet, so daß die Produkte aus Xiuyan, wo dieser Fuchs am häufigsten ist (S. 293)
eher minderwertig sind. In Tieling (*Tieling xiangtuzhi* 鐵嶺鄉土志 von 1907, in:
Dongbei xiangtuzhi congbian, S. 431) gibt es überwiegend einen anscheinend nur lo-
kal *caohu* 草狐 genannten Fuchs, der ebenfalls nicht sehr hoch geschätzt wird. In
Nongan, wo um die Jahrhundertwende jährlich mehr als 20.000 Felle, allerdings nur
zum geringsten Teil Fuchs- und Wolfsfelle, zu Mänteln und Bettdecken verarbeitet
wurden, galten die Fuchsfelle ebenfalls als nicht sehr hochwertig (*Nongan xian xiangtuzhi* 農安縣鄉土志 von 1907, in *Dongbei xiangtuzhi congbian*, S. 539, 546).

Im *Jilin tongzhi* (j. 34, 12b-13a) werden schwarze, weiße und rote Fuchspelze als
Tribut von den Jürced erwähnt. Sie gelten als warm und angenehm zu tragen, am
teuersten sind Pelzmäntel aus den Pelzstücken unmittelbar hinter den Vorderläufen (so
auch das *Tonghua xian xiangtuzhi* von 1909 und das *Ningguta difang xiangtuzhi* von
1891, in: *Dongbei xiangtuzhi congbian*, S. 600, 800), am seltensten sind ganz
schwarze Pelze des *yuanhu*, von dem man in einem Jahr nur wenige fängt. Als minderwertig wird der Korsak angesehen, dessen helles Bauchfell unter der Bezeichnung
tianma 天馬 (nach dem *Wuti Qingwen jian*, S. 3306 wäre dies manjurisch jedoch
cindaha cabi, was von Hauer mit Bauchfell vom Schneehasen übersetzt wird) zu
Pelzmänteln verarbeitet wird. Sein Rückenfell wird als *wuyunbao* 烏雲豹 (Schwarz-
wolkenpanther) bezeichnet.

Für die Shunzhi-Zeit finden sich Angaben darüber, wie die Palastverwaltung den
Vergleichswert zwischen verschiedenen Fellen ansetzte. So wurde ein Wolfspelz 1648
mit einem, 1650 mit zwei Fuchsfellen gleichgesetzt, ein Otterfell mit fünf Marder- oder
doch ? Biberfellen (*he* 貉) oder einem Luchsfell (*Manzu lishi dang'an ziliao xuanji*,
Nr. 25 [S. 105] und Nr. 47 [S. 115]).

Eine weitere Möglichkeit der Kostenkalkulation gewähren zwei zusammengehörige
Dokumente aus Ilan hala ba, die mir nur in einer chinesischen modernen Übersetzung
vorliegen (*Sanxing fudutong yamen Manwen dang'an yibian* 三姓副都
統衙門滿文檔案譯編. Shenyang 1984, Nrn. 175, 176, S. 457-8), aus dem Jahre
Qianlong 25 (1760). Um lebende Schwarzfuchsjunge (*yuanhu*) zu besorgen und diese
im wahren Sinne des Wortes ungeschoren nach Sanxing zu bringen, wurden Güter im
Gesamtwert von 63,2 tl. zur Verfügung gestellt. Dies waren fünf Satinkleider (*duanyi*
緞衣, *duan* = manj. *suje*) im Gegenwert von 11 tl., sieben Baumwollkleider (*buyi*) im
Gegenwert von 8,4 tl., sechs Baumwollumhänge (*bubei*) im Gegenwert von 7,5 tl.,
zweihundert *jin* Tabak im Gegenwert von 4,8 tl., ein Speicherscheffel (*cangshi*) Reis
in Beuteln im Gegenwert von 4,8 tl., einhundertfünfzig *jin* Schnaps (*shaojiu*) im
Gegenwert von 7,9 tl. und weitere 19 tl. für Verpflegung und Käfige. Tatsächlich

wurden schließlich 42 tl. aufgewendet, um einen Schwarzfuchs (*qinghu*), zwei Schwarzfüchse mit weißen Flecken (*bai zhenzhu mao yuanhu* 白珍珠毛元狐) und zehn Schwarzfüchse (*yuanhu*) zu fangen.

Serruys (S. 206 und 240) weist mit Belegen aus dem Jahre 1589 auf den Handel mit Fuchspelzen auf den Pferdemärkten hin und zitiert (S. 127) das *Liaodong zhi* mit dem undatierten Hinweis auf eine Marktabgabe von 0,01 tl. Dagegen findet sich im *Manzu lishi dang'an ziliao xuanji* 滿族歷史檔案資料選輯 1963 (S. 20-37) ein längeres Dokument über die Marktabgaben am Nordtor (Zhenbeiguan 鎮北關) und Xin'an-Tor (新安關) von Guangshunzhen 廣順鎮 aus dem Jahre Wanli 12 (1584), aus dem wir nicht nur die gleiche Marktgebühr in Höhe von 0,01 tl. für Fuchspelze entnehmen, sondern auch, soweit vollständig, etwas über den Umfang und die Protagonisten des Handels erfahren können.

Von Seiten der Jürčed wurden folgende Mindestmengen (offensichtlich ist das Dokument nicht mehr durchgängig lesbar) an Waren angeboten, die von der Marktsteuer erfaßt wurden:

Häufig-keit	Warenart		Menge	Min./Max
23	Pferde		183	1/24
2	Pferdeschwänze	*jin*	14	6/8
2	Rinder		4	1/3
1	Rinderhaut		3	
5	Leopardenfelle		7	1/2
20	Zobel/Marderfelle		5189	2/1803
19	Fuchsfelle		579	1/186
3	Wolfsfelle		7	1/4
16	Hirschfelle		73 1/2	1/12 1/2
16	Rehfelle		761	1/191
11	Otterfelle		29	1/5
13	Schafsfelle		1449	3/369
1	Lammfelljacken		1	
6	Wachs	*jin*	73	1/63
7	Honig	*jin*	1360	10/1165
14	*mogu* Pilze	*jin*	3740	15/1147
13	*muer* Pilze	*jin*	1047	10/285
19	Ginseng	*jin*	3524 1/2	3/695
6	Kiefernsamen	*shi/dou*	8 / 6	0,3/4,3
2	Haselnüsse	*dou*	3	1/2
8	Perlen	Stück	23	1/6
1	Tröge		1	
4	Holzschaufeln ma. *uldefun*		723	20/412
1	Filz	Stück	2	
1	Mäntel		1	
7	Decken		64	3/30
1	Köcher		1	

Von chinesischer Seite wurden folgende Waren erfaßt:

8	Esel		11	1/2
1	Esel geringer Qualität		1	
26	Rinder		471	1/97
4	Schafe		30	2/14
1	Schafsfelle			3
6	Schweine		13	1/4
1	Schweinefleisch *jin*		58	
6	Schweinefl. gering.			
	Qualität *jin*		480	15/230
18	Spaten		4454	3/1134
13	Töpfe		231	1/91
11	Töpfe staatl. Produkt.		157	2/44
2	große Töpfe		838	405/433
2	Töpfe zweiter Größe		831	400/431
15	Wasserstiefel (Paar)		215	1/48
17	Jacken		248	1/103
8	Lammfelljacken		389	1/245
1	Westen		4	
9	Wein *hai/hu*		7 / 480	2/3 / 15/230
1	Qualitätswein *hu*		2	
10	staatl. Salz *jin*		3230	70/970
7	Papier	Bögen	1050	50/200
3	Holzkohle	Gebinde	27	2/20
1	Brennholz	Wagenladung		1
5	(Steuer)seide	Ballen	7	1/2
	ma. *ceceri*			
10	Satin (ma. *suje*)	Ballen	69 1/2	1/26
14	einf. geblümter			
	Satin	Ballen	68	1/18
2	weißer bearb. Baum-			
	wollstoff	Ballen	8	2/6
1	blauer bearb. Baum-			
	wollstoff	Ballen	10	
1	schwarzer Baumwoll-			
	stoff	Ballen	1	
9	weißer Baumwoll-			
	stoff mittl. Qualität			
	aus staatl. Produkt.	Ballen	678,4	2/414,3
6	roter Baumwollstoff			
	mittl. Qualität aus			
	staatl. Produktion	Ballen	223	2/149

| 3 | blauer Baumwollstoff mittl. Qualität aus staatl. Produktion Ballen | 135 | 6/100 |

Cum grano salis , da der Zeitraum des Dokuments nur einige Monate erfaßt, läßt sich zwar sagen, daß die gehandelten Produkte, überwiegend Fertigprodukte gegen Rohwaren, für den Warenverkehr zwischen Chinesen und Jürčed repräsentativ zu sein scheinen, in geringerem Maße gilt dies für den Umfang des Handels und die Bedeutung der einzelnen Güter. Nur ganz rudimentär mag es Ansätze zu einer Marktwirtschaft gegeben haben, obwohl Rinder, Schafsfelle und Lammfelljacken wohl eher zufällig im Warenangebot beider Seiten auftauchen.

Vorsichtig läßt sich auch vermuten, daß der Handel auf beiden Seiten von einem relativ festen Personenkreis durchgeführt wurde. So erscheinen einige als *yiren* 夷人 oder seltener als *maimai yiren* bezeichnete Personen unter Hinzufügung der von den Ming eventuell verliehenen Militärtitel ebenso mehrfach wie einige der chinesischen Händler (*maimairen*), während es jedoch im Zusammenhang mit den chinesischen Händlern allenfalls «und andere» heißt, werden auf jurčenischer Seite genauere und meist sehr hohe Zahlen genannt. Die größte Gruppe, die in diesem Zeitraum kam, setzte sich aus 1180 Personen zusammen, wobei es jedoch nur sehr bedingt eine Relation zwischen Gruppengröße und Warenmenge gegeben zu haben scheint. Diese Beobachtungen werden durch andere im *Manzu lishi dang'an ziliao xuanji* aufgenommene Marktdokumente aus den Jahren Hongzhi 4, Wanli 4, 6 (3) und 39 bestärkt.

Wie der Ming-Hof, so hatten auch die Qing Bedarf an Pelzen und hatten die Lieferung sowohl am Hofe[1] als auch vor Ort organisiert. 1653 (Shunzhi 10) wurden, um die Bedürfnisse der Qing nach den Schätzen der Manjurei zu befriedigen, Teile der in der Manjurei lebenden Bevölkerung sogenannte *caibu huding* 採捕戶丁, Jäger und Sammler (*Jilin tongzhi* 28, 9b-10b = S. 502), und so gab es auch die *gonghu hu* 貢狐戶, Familien, die bereits in der frühen Shunzhi-Zeit an die kaiserliche Haushaltsabteilung, das *neiwufu*, Fuchsfelle abliefern mußten. Diese Familien waren besonders zahlreich in Dasheng Wula und in Ningguta, und jeder Steuerpflichtige mußte jährlich drei oder vier Felle abliefern. Bei Sollübererfüllung wurde er mit Seide belohnt, andernfalls bestraft (*Manzu dacidian*. Shenyang 1990, S. 287b). Das *Manzu lishi dang'an ziliao xuanji* gibt auch ein Konvolut das *neiwufu* in Shengjing betreffende Akten aus den Jahren 1647 bis 1651 (Shunzhi 4-8) wieder. In Nr. 37 (S. 111) werden als Strafe für die Nichterfüllung der Ablieferungsquote bei Otterfellen - es fehlten fünf von erforderlichen fünfundzwanzig, die fünf Otterjäger abliefern mußten - 15 Peitschenhiebe genannt, in Nr. 47 (S. 115) drei Peitschenhiebe, weil zehn Otterjäger ihre Quote von fünfzig Fellen um zwei verfehlten. Aus denselben Dokumenten und aus Nr. 25 (S. 105) erfahren wir, daß drei Gruppen von Fuchsjägern mit etwas mehr als hundert Mann jeweils etwa das Doppelte der erforderlichen Quote von drei Fellen

---

1 Cf. Torbert, Preston M.: *The Ch'ing Imperial Household Department: A study of its organization and principal functions, 1662-1796*. Cambridge/Mass. 1977, S. 34 und 81.

pro Mann erjagt hatten. Hierfür erhielten sie als Belohnung für die überzähligen Felle die gleiche Menge Stoff (*xiaomao qingbu* 小毛青布; *mao qingbu* erscheint manj. als *mocin samsu*, von Hauer mit feines glattes schwarzes Baumwolltuch wiedergegeben). Offensichtlich erhielten die Jägerfamilien insgesamt Salz von der Palastverwaltung, einzelne Jäger erhielten Kleidungsstücke. Für andere Felle gab es abweichende Abgabequoten, so z. B. betrug sie für Otterfelle fünf, an Honig mußten zwei Krüge (*ping* 瓶) abgeliefert werden.

Daß auch später in der Qing-Zeit offizieller Bedarf an Fuchsfellen bzw. Füchsen bestand, geht aus den weiter oben bereits genannten Qianlong-zeitlichen Dokumenten aus Sanxing hervor, das *Sanxing xiangtuzhi* von 1891 (in *Dongbei xiangtuzhi congbian*, S. 835) erwähnt Füchse jedoch nicht unter den Tributverpflichtungen dieser Gegend.

Die in den achtziger Jahren entstandenen neuen Lokalmonographien berichten zwar von einer recht regen Pelzverarbeitungsindustrie in der Gegenwart, so z. B. im Gebiet von Mudanjiang im Südosten der Provinz Heilongjiang (*Mudanjiang shizhi* 牧丹江市志. Harbin 1993, S. 610-613) oder von Baicheng im Nordwesten Jilins (*Baicheng diqu zhi* 白城地區志. Changchun 1992, S. 671- 672), doch spielen Fuchsfelle entweder eine untergeordnete Rolle, so scheint es in Mudanjiang zu sein, oder die Angaben sind zu unspezifisch, so in den meisten eingesehenen Lokalmonographien.

Hartmut Walravens (Berlin)

Bibliographie der Liao-chai chih-i 聊齋志異 Übersetzungen

Vorbemerkung

Die bekannteste Sammlung von populären Geschichten über Füchse und andere Geister ist P'u Sung-ling's (1640-1715) *Liao-chai chih-i* («Merkwürdige Geschichten aus dem Studio der Muße»). Das Werk war im wesentlichen im Jahre 1679 abgeschlossen, aber der Autor machte zumindest bis zum Jahre 1707 Änderungen und fügte weiteres Material hinzu. 1766, also etwa 50 Jahre nach dem Tod des Autors, wurde das Werk erstmals gedruckt. In der Folge ist es vielfach aufgelegt worden. Der Autor stützt sich auf die verschiedenen Erzähltraditionen und verwendet dabei populäre Geschichten und Sujets, die auch soziale Fragen behandeln; berühmt ist die Sammlung jedoch wegen ihrer phantastischen Züge. Nicht nur in China war und ist das Werk bekannt und beliebt, sondern auch in anderen Ländern, wie die Fülle der ermittelten Übersetzungen beweist.

In P'u Sungling's Werk sind übrigens die Füchse in der Mehrzahl positiv gezeichnet; sie erweisen sich öfter als treu und dankbar als das sonst in der chinesischen Erzählliteratur der Fall ist.

Anordnung der Bibliographie:

Zunächst werden einige chinesische Ausgaben des Werkes verzeichnet, um leichten Zugriff zu den Texten zu geben. Dabei ist keinerlei Vollständigkeit angestrebt.

Darauf folgen Übersetzungen in ostasiatische Sprachen, nach Sprachen getrennt. Die Übersetzungen in europäische Sprachen sind in einer Chronologie angeordnet, und bei Sammelwerken ist nach Möglichkeit der Inhalt angegeben. Nach Möglichkeit wurden die beschriebenen Titel eingesehen.

Die vollständigsten westlichen Übersetzungen sind die von Alekseev ins Russische, die von di Giura ins Italienische und die von Rösel ins Deutsche. Letztere ist die umfangreichste, da sie auch die nach dem Manuskript veröffentlichen Erzählungen vollständig umfaßt; di Giura bringt den Inhalt der 1766er Ausgabe, während Alekseev eine sehr umfangreiche Auswahl bietet.

In einigen Fällen ist mit dem Sigel 1 ein Nachweis für die Staatsbibliothek zu Berlin gegeben.

Die meisten Publikationen sind eingesehen worden; in wenigen Fällen ist dies allerdings, trotz der Hilfe von Kollegen, nicht geglückt; dies ist dann vermerkt. Für ihre freundliche Hilfe bei der Verifikation einiger russischer Übersetzungen danke ich meiner Kollegin Elena Bojkova (Moskau); Dr. Gottfried Kratz (z. Zt. Moskau) verschaffte mir in liebenswürdiger Weise die rare Publikation von Paškov.

Einige chinesische Ausgaben

P'u Sung-ling 蒲松齡: Liao-chai chih-i hsin-p'ing
jen-yin = 1842. Komm: Wang T'u-cheng, Tan Ming-lun
16 pen.

P'u Sung-ling 蒲松齡: Chu-shih Liao-chai chih-i
kuei-mao = 1843
Komm.: Shen Tao-k'uan, Ho Lang-chou, Ho Hsing-wen
16 pen

P'u Sung-ling 蒲松齡: Hsiang-chu Liao-chai chih-i t'u-yung 詳注聊齋志異圖詠
Kuang-hsü 12 = 1887
Komm.: Lü Chan-en
8 pen

P'u Sung-ling 蒲松齡: Chia-p'i tseng-chu Liao-chai chih-i 加批增註聊齋志異
Peking: Lao-shih-yu-t'ang 1889.
Bearb.: Tan Ming-lun 但明倫, Vw. 1842
1: 38883

P'u Sung-ling 蒲松齡: Hsiang-chu Liao-chai chih-i t'u-yung 詳注聊齋志異圖詠
Hrsg.: Tan Ming-lun 但明倫. Nachw. 1842.
Shanghai: San-huai shu-wu o.J. (um 1890). 8 Hefte.
Illustrierte und komm. Ausgabe
1: 34830

P'u Sung-ling 蒲松齡: Hsiang-chu Liao-chai chih-i t'u-yung 詳注聊齋志異圖詠
Hrsg.: Tan Ming-lun 但明倫. Nachw. 1842.
Shanghai: Chiang-tso shu-lou o.J. (um 1890)
1: 34829

P'u Sung-ling 蒲松齡: Ch'üan-t'u Liao-chai chih-i
keng-hsü = 1910
Komm.: Wang T'u-cheng, Tan Ming-lun, Lü Chan-en, Kuan Szu-chün, Yang Sheng-wu
16 pen

P'u Sung-ling 蒲松齡: Hsiang-chu Liao-chai chih-i t'u-yung 詳注聊齋志異圖詠
Min-kuo 3= 1914
Nachdruck der Ausg. 1887, schlechte Bildqualität.
8 pen.

P'u Sung-ling 蒲松齡: Hsiang-chu Liao-chai chih-i t'u-yung 詳注聊齋志異圖詠
Shanghai: Chung-yüan shu-chü 1928. 16 Bde.

P'u Sung-ling 蒲松齡: Hsiang-chu Liao-chai chih-i t'u-yung 詳注聊齋志異圖詠
Hrsg.: Lü Chan-en 呂湛恩註
Shanghai: T'ien-pao shu-chü o. J. 8 Bde.

Die beste ältere Ausgabe ist die von 1887.

P'u Sung-ling 蒲松齡: Liao-chai chih-i 聊齋志異
Peking: Wen-hsüeh ku-chi k'an-hsing-she 文學古籍刊行社 1955. 4 H., 1 H. Anm.
Nachdruck des Originalms.
1: 4° 31448

P'u Sung-ling 蒲松齡: Liao-chai chih-i 聊齋志異
Taipei: I-wen yin-shu-kuan 1956. 544 S.
1: 36358
Nachdruck einer Ausgabe der Ausg. 1766.

P'u Sung-ling 蒲松齡: Liao-chai chih-i 聊齋志異
Shanghai: Shang-wu yin-shu-kuan 1957. 2 Bde.
1: 35484

P'u Sung-ling 蒲松齡: Liao-chai chih-i 聊齋志異
Hui-chiao hui-chu hui-p'ing pen 會校會注會評本
Hrsg.: Chang Yu-hao 張友鶴
Peking: Chung-hua shu-chü 1962. 3 Bde.
Mit Glossen und textkrit. Anmerkungen.
1: 39585

P'u Sung-ling 蒲松齡: *Liao-chai chih-i* 聊齋志異(Repr. der Ausg. 1963.)
(Hsiang-kang:) Shang-wu yin-shu-kuan 1973. 16,1,866 S.
Pai-hua chien-chu 白話淺註

Chu-hsüeh-chai ch'ao-pen Liao-chai chih-i 鑄雪齋抄弆聊齋志異
Shanghai: Shang-hai jen-min ch'u-pan-she 1974. 12 H.
Faksimile eines Ms.
1: 4°445731

P'u Sung-ling 蒲松齡: *Liao-chai chih-i. erh-shih-szu chüan ch'ao-pen.* (3.Aufl.)
Chi-nan: Chi-lu shu-she 1985. 2,11,6,831 S.
聊齋志異 二十四卷抄本

Mandjurische Auswahlübersetzungen

Sonjofi ubaliyambuha Liyoo jai j'i i bithe.
Man-Han ho-pi Liao-chai chih-i 合璧聊齋志異
Übersetzt von Jakdan. Veröffentlicht 1848. 24 debtelin

Ho-pi Liao-chai chih-i 合璧聊齋志異
Peking: Erh-yu-chai 1907. 24 debtelin (Neudruck der Ausg. 1848.)
1: 4° 41322
Auch: Nachdruck San Francisco 1975. 7 Bde.

Inhalt:[1]
debtelin 1 - 8 Erzählungen

35-	Hoton-i enduri simnerengge 考城隍	
	G 1; 1/1	
45-	Hojo faha-i gisurendurengge 瞳人語	
	G 2; 1/2	
57-	Niruha fajiran 畫璧	
	G 3; 1/3	
71	Šulhe moo teburengge 種梨	
	G 4; 1/4	
79-	Loo śan alin-i doose 勞山道士	
	G 5; 1/5	
93-	Cang cing hiyan-i hôwaśan 長清僧	
	G 6; 1/6	
103-	Dobi-i sargan jui be tusurengge 狐嫁女	
	G 7; 1/7	
121-134	Ganiongga fadagan 妖術	
	G 9; 1/9	

debtelin 2 - 4 Erzählungen

137-	Ye śeng 葉生	
	1/10	
157-	Giyoo no 嬌娜	
	G 8; 1/8	
197-	Ceng siyan endurin 成仙	
	G 10; 1/11	
229-258	Wang ceng 王成	
	G 11; 1/12	

---

1   G verweist auf Giles: *Strange stories from a Chinese studio*, die folgende Numerierung auf *chüan* und Nummer der Geschichte im chinesischen Text.

debtelin 3 - 4 Erzählungen
261-	Cing fung 青鳳
	1/13
291-	Sukô de niruhangge 畫皮
	G 12; 1/14
315-	Hôdai niyalmai jui 賈兒
	G 13; 1/15
339-358	Tung śeng 董生
	1/16

debtelin 4 - 4 Erzählungen
361-	Farśatai yabure sargan jui 俠女
	G 21; 2/26
393-	Ing niyeng 嬰寧
	G 15; 2/18
451-	Niye siyoo ciyan 聶小倩
	G 16; 2/19
495-516	Śui mang z'ao orho 水莽草
	G 17; 2/20

debtelin 5 - 5 Erzählungen
519-	Jang ceng 張誠
	G 26; 2/31
551-	Liyang hiyang 蓮香
	G 23; 2/28
613-	Fung yang fu-i bithei niyalma 鳳陽士人
	2/21
631-	Hô s'e jiyei 胡四姐
	G 19; 2/24
653-676	Źin sio 任秀
	G 25; 2/30

debtelin 6 - 6 Erzählungen
679-	Nure omire gucu 酒友
	G 22; 2/27
687-	Ju mafa 祝翁
	G 20; 2/25
695-	Ju el 珠兒
	G 18; 2/22
723-	O boo 阿寶
	G 24; 2/29
751-	Kiyoo niyang 巧娘
	2/32

793-798   Ilan endurin 三仙
           G 27; 2/34

debtelin 7 - 4 Erzählungen
801-   Yo jung 樂仙
           3/50
835-   Hông ioi 紅玉
           G 32; 3/40
871-   Cen yôn ci 陳雲樓
           G 37; 3/46
919-   Hiyang ioi 香玉
           G 40; 3/51

debtelin 8 - 7 Erzählungen
959-   Dai nan 大男
           G 41; 3/54
898-   Hô halangga 胡氏
           G 35; 3/44
1005-   Lin s'e niyang 林四娘
           3/41
1019-   Wang oho niyalma 王者
           G 36; 3/45
1033-   Lu gung-ni sargan jui 魯公女
           G 34; 3/43
1057-   J'i ceng 織成
           G 38; 3/47
1077-   Ju cing 竹青
           G 39; 3/49

debtelin 9 - 7 Erzählungen
1101-   Zeng io ioi 曾友于
           G 43; 3/56
1137-   Doose 道士
           G 35; 3/44
1151-   Ŝi cing hioi 石清虛
           G 42; 3/55
1171-   Miyoo ŝeng 苗生
           G 45; 3/58
1187-   On be eyon-i funde tusuburengge 娣妹易嫁
           G 46; 3/59
1207-   Giya ping hiyan-i gungze 嘉平公子
           G 44; 3/57
1219-1222 Mukei gashan 水災   G 50; 3/63

debtelin 10 - 5 Erzählungen

1225-	Bithei beliyen 書癡	
	4/76	
1249-	G'o gin 葛巾	
	4/74	
1289-	Hôwang ing 黃英	
	4/75	
1325-	Sunja tung ibagan 五通	
	4/70	
1363-	Ho śeng 霍生	
	4/85	

debtelin 11 - 5 Erzählungen

1373-	Ci tiyan dai śeng 齊天大聖	
	4/77	
1393-	Juwali enduri 青蛙神	
	4/78	
1419-	Wan hiya 晚霞	
	4/79	
1449-	Be cio liyan 白秋練	
	4/80	
1489-1506	Gin hôwaśan 金和尚	
	4/81	

debtelin 12 - 6 Erzählungen

1509-	Śan hô 珊瑚	
	G 55; 4/69	
1539-	Lung fei siyang gung 龍飛相公	
	G 51; 4/68	
1557-	Heng niyang 恆娘	
	4/73	
1573-	Śen halangga 申氏	
	4/72	
1585-	Śui yôn 瑞雲	
	4/67	
1599-1625	O siyan 阿纖	
	4/66	

S.1588-1589 fehlen im Taiwan-Nachdruck.

debtelin 13 - 5 Erzählungen

1629-	Sirame hôwang liyang-ni tolgin 續黃粱	
	5/87	
1673-	Ajige buthai indahôn 小獵犬	

                    5/88
1681-   Sin śi s'e niyang 幸十四娘
                    5/90
1737-   Dobi-i yobodorongge 狐諧
                    5/86
1759-1767   Be liyan tacihiyan 白蓮教
                    5/91

debtelin 14 - 5 Erzählungen
1771-   Giyeo da niyang 仇大娘
                    5/93
1827-   Hô s'e siyang gung 胡四相公
                    5/92
1847-   Lii be yan 李伯言
                    5/94
1861-   Liyan so 連鎖
                    5/97
1897-1909   Amba hôsungge jiyanggiyôn 大力將軍
                    5/102

debtelin 15 - 5 Erzählungen
1913-   Be ioi ioi 白于玉
                    5/98
1953-   Gakca gurun 夜叉國
                    5/99
1985-   Loo too 老饕
                    5/100
1999-   Gi śeng 姬生
                    5/101
2017-2052   Hôwang gio lang 黃九郎
                    5/95

debtelin 16 - 5 Erzählungen
2055-   Gung meng bi 宮夢弼
                    6/110
2089-   Jiha mektere karmani 賭符
                    6/113
2103-   Lio hai śi 劉海石
                    6/104
2117-   Liyan ceng 連城
                    6/106
2143-2164   Siyoo el 小二
                    6/108

debtelin 17 - 5 Erzählungen

2167-	Geng niyang 庚娘
	6/109
2191-	Cing mei 青梅
	6/116
2229-	Akjan-i hafan 雷曹
	6/112
2247-	O hiya 阿霞
	6/114
2261-2279	Dobi asihan sargan 狐妾
	6/111

debtelin 18 - 5 Erzählungen

2283-	Tiyan ci lang 田七郎
	6/117
2311-	Yakca gurun-i mederi melkeserengge 羅殺海市
	G 63; 6/118
2352-	Gung sun gio niyang 公孫九娘
	6/119
2379-	Funiyehengge dobi 毛狐
	G 62; 6/115
2391-2193	Dobi-i araha juru hisun 狐聯
	6/120

debtelin 19 - 5 Erzählungen

2397-	Hiyang g'o 向杲
	G 65; 7/123
2407-	Piyan piyan 翩篇
	7/121
2425-	Giyang ceng 江城
	7/125
2467-	Gurjen 促織
	G 64; 7/122
2489-2502	Guwecihe-i ferguwecukungge 鴿異
	7/134

debtelin 20 - 5 Erzählungen

2505-	Šoo halai sargan jui 邵氏
	7/127
2549-	Mei halai sargan jui 梅女
	7/129
2575-	Cing o 青娥
	7/133

2609   Nio ceng jang 牛成章
               G 68; 7/132
2617-2626   Ioi de 余德
               7/135

debtelin 21 - 4 Erzählungen
2629-   Gung siyan endurin 鞏仙
               7/128
2655-   O ing 阿英
               7/131
2683-   Ya teo 鴉頭
               7/134
2713-2737   Ba da wang 八大王
               G 66; 7/126

debtelin 22 - 5 Erzählungen
2741-   Si hô tenggin-i gungju 西湖主
               G 69; 8/140
2773-   Dobi be dolgikange 狐夢
               8/137
2791-   U cio yuwei 伍秋月
               8/141
2811-   Liyan hôwa gungju 蓮花公主
               G 70; 8/142
2831-2848   Ho hôwa san niyangze 荷花三娘子
               8/144

debtelin 23 - 5 Erzählungen
2851-   Hôwa gu ze 花姑子
               8/139
2883-   Peng hai cio 彭海秋
               8/146
2909-   Siyan źin doo 仙人島
               8/148
2953-   Ho s'e niyang 胡四娘
               8/149
2975-2980   Hôwaśan-i fadagan 僧術
               8/150

debtelin 24 - 8 Erzählungen
2981-   Gin śeng se 金生色
               8/145

2997-	Fung san niyang 封三娘
	8/136
3031-	Jang o duwan 章阿端
	8/138
3055-	Lio śeng 柳生
	8/151
3071-	Niye jeng 聶政
	8/152
3077-	El śang 二商
	8/153
3091-	Nioboro etukui sargan jui 綠衣女
	8/143
3099-3100	Jemengge-i ton 祿數
	8/154

| 3101 | Wu-fei chü-shih t'i 五費居士題 |

Mańčžurskaja chrestomatija. Sostavil A. O. Ivanovskij. 2.
Sanktpeterburg: Akad. nauk 1895,176-185
Erzählungen aus dem Liao-chai chih-i:
Dobi-i yobodorongge
Be liyan tacihiyan
Akjan-i hafan
Ajige buthai indahôn
Chin. Fassung: 0080-0096
d.i. 13/4.5; 17/2.3 der ma. Druckausgabe.

Schmidt, Peter
P. Šmidt: *Učebnik mandžurskago jazyka v trech častjach.*
Vladivostok: Vost. Inst. 1908.
I,17-21: Liyoo jai j'i i bithe:
Loo śan alin-i doose [1/5 der ma. Ausg.]
II,17-19: Ho-pi Liao-chai chih-i
Lao-shan tao-shih

A. V. Grebenščikov: *Materialy dlja mańčžurskoj chrestomatii.* Posobie k lekcijam po
mańčžurskomu jazyku 1912/13-j akademičeskij god.
Vladivostok: Vost. Inst. 1913,105-107
Mukei gashan [9/7 der ma. Ausg.]

Mandschu-Grammatik mit Lesestücken und 23 Texttafeln. Von Erich Haenisch.
Leipzig: Verlag Enzyklopädie 1961. 162 S.
Lesestücke:
14. Dobi-i sargan jui be tusurengge [1/7. der Druckausg.]

Japanische Übersetzungen

蒲松齡: *Ryôsai shii* 聊齋志異.
Übers.: Tanaka Kotarô 田中貢太郎
Tôkyô: 改造社出版 1930.
(Shina bungaku taikan.12.).

蒲松齡: *Ryôsai shi*i 聊齋志異
Übers.: Masuda Wataru 増田渉 u.a.
Tôkyô: Heibonsha 1958/59. 2 Bde.
(Chûgoku koten bungaku zenshû.21.22.)
1: 33562-21.22.

蒲松齡: *Ryôsai shii* 聊齋志異
Übers.: Masuda Wataru 増田渉
Tôkyô 1971.
(Chûgoku koten bungaku taisei. 40-41.)

蒲松齡: *Ryôsai shii* 聊齋志異
Übers.: Shibata Tenma 紫田天馬
Tôkyô: Sôgensha 1951-1952. 10 Bde
1: 30979

Koreanische Übersetzung

P'o Song-nyŏng 蒲松齡: *Yojae chii* 聊齋志異
Übers.: Ch'oe In-uk 崔仁旭
Seoul: Ŭryu munhwasa 1966. 3 Bde
1: 44146

Vietnamesische Übersetzungen

Liêu trai chí di. Nguyèn-Hoạt dịch.
(Sàigón: Tu Do 1959.)

Liêu trai chí di [cua] Bô Tùng Linh. Đào Trin Nhât dich.
(Saigon:) Măc Lâm (1968). 412 S.

Übersetzungen in westliche Sprachen

*Williams, Samuel Wells (1812-1884)[2]
[4 Erz. «in a handbook of Chinese.»,
evtl.: *Easy lessons in Chinese*. Macao 1842.]

Gützlaff, Karl Friedrich August
Liáu Chái I´ Chí, or Extraordinary Legends from Liáu Chái. Reviewed by a Corres–
pondent.
Chinese repository.11.1842,202-210
Mit Inhaltsangaben (nicht Übersetzungen) einiger Erzählungen.

Mayers, W. F.
The record of marvels or tales of the genii.
Notes and queries on China and Japan.1.1867,24-26
Enthält: The boon companion.

*Vasil'ev, Vasilij Pavlovič
Kitajskaja chrestomatija, izdannaja dlja rukovodstva studentov Prof. V. P. Vasilevym.
St. Petersburg1868. 2.Ausg. 1883,71-90
In der 3.Ausg. 1890-1894 ist die Interlinearversion weggelassen.
Übersetzung von 5 Erzählungen bei Vasil'ev: *Primečanija k pervomu vypusku
kitajskoj chrestomatii*. 3. lith. Ausg. St. Petersburg 1896 (143 S.),78-97
ch.2, 3   Shui-mang-ts'ao
ch.2, 12   A-pao
ch.3, 14   Tseng Yu-yü
ch.6, 6   Keng niang
ch.6, 12   Mao-hu

Allen, C. F. R.
Tales from the Liao Chai Chih Yi.
China Review 2.1873/74, 364-369
The apotheosis of Sung Chow. 364-366
The fox's marriage. 366-369

China Review.3.1874/75,18-23,99-107,142-145,205-219,284-293
The fortunes of K'ung Hsüeh Li. 18-23
Hsi Lin, 99-103
The pious tiger of Chao-ch'eng. 103-104
The metempsychosis of the priest. 104-105
The frog god. 105-107
The Taoist priest of Lao Shan. 142-144
The An family. 144-146
The theft of the peaches. 205-206

---

2   * bedeutet «nicht gesehen».

The fairy K'ung. 206-210
The lord of the West Lake. 210-215
The country of the sea demons. 215-219
The sturdy beggar. 284-286
Kung Ming Pi. 286-290
Painting skins. 290-293

China Review 4.1875/76,26-37
Ch'in Ta Niang. 26-37

*The Lo-ch'a country and sea market. [Übers.: H. A. Giles]
The Celestial Empire. 29. März 1877

*[Hsü huang liang 續黃粱, übers. von H. A. Giles.]
The Celestial Empire. 12.April 1877

*Monastyrev [in]
*Novosti.*195.1878, S.5

Imbault-Huart, Camille
Le poirier planté.
Journal asiatique. Aug./Sept. 1880,281-284

Strange stories from a Chinese studio. Translated and annotated by Herbert A. Giles,
of H. M. Consular Service. In two volumes.
London: Thos. de la Rue & Co. 1880. XXXII,432,404 S. 8°
«I therefore selected one hundred and sixty-four of the best and most characteristic
stories, of which eight had previously been published by Mr. Allen in the *China
Review*, one by Mr. Mayers in *Notes and Queries on China and Japan*, two by myself
in the columns of the *Celestial Empire*, and four by Dr. Williams in a now forgotten
Handbook of Chinese. The remaining one hundred forty-nine have never before, to
my knowledge, been translated into English.»

Giles, H. A.: *Historic China and other sketches.*
London: Thos. de la Rue & Co. 1882. VIII,405 S.
1: Un 2246
Darin:
The Rev. Mr. Gold. 106-110

Conte chinois extrait de la collection intitulée Liêu-trai. – Seules la charité et la
mansuétude élèvent l'homme au rang de Bouddha. – Histoire de La-tô. [Traduit par
M. Chéon.]
Bulletin de la Société des études indochinoises. 1889,97-99

Tcheng Ki-tong [Ch'ên Chi-t'ung] 陳季同
Les Chinois peints par eux-mêmes. – Contes chinois, par le général Tcheng-ki-tong.
Paris: Calmann Lévy 1889. VIII,340 S.
Vgl. G. Schlegel in *TP* 1.1890, 76-79 (mit Identifikation)
Inhalt:
 1. Le voix du sang
 2. Un amour aquatique
 3. Un dieu complaisant
 4. Une femme de cœur
 5. Un sacrifice héroïque
 6. Les pivoines enchantées
 7. Une femme extraordinaire
 8. Un bon ennemi
 9. Le vampire
10. La maîtresse légitime
11. Une princesse de l'onde
12. Chrysanthème
13. Un rêve réalisé
14. Une jeune rieuse
15. Un bonheur dans le malheur
16. Malheurs dans le bonheur
17. Un nid d'amour
18. Un enfant terrible
19. L'étui merveilleux
20. La lune de miel
21. La musique après la mort
22. Flagrant délit
23. Avatar
24. La vie n'est qu'un rêve
25. Le perroquet
26. Une avocate

Groot, J. J. M. de
The religious system of China. Its ancient forms, evolution, history and present aspect, manners, customs, and social institutions connected therewith.
Leiden: Brill 1892-1910. 6 Bde.

ch. 1, 6. Ch'ang-ch'ing-seng	IV,138-140
ch. 1, 9. Yao-shu	V,888-892
ch. 5, 5. Pai-lien chiao	V 925
ch. 7, 2.Ts'u-chih	IV 108
ch. 13, 7. Shih-pien	V,735-738
ch. 13, 9. Shan-hsiao	V 514-516
ch. 13, 10. Chiao-chung kuai	V 475
ch. 14, 54. Ch'ai-lou-jen	IV 453
ch. 14, 59. T'ou-kun	IV 451-452
ch. 15, 7. T'u-ou	IV 342-344

The celestial mirror. An English translation by J. A. Maung Gyi and Cheah Toon Hoon of Pó Kàm. Or extracts from Liau Chai, Pau Kong An, or decisions of Pau kong, &c., &c., &c. Rangoon: D'Vauz Press 1894. III,127,VIII S.
(The Hokkien library series.1.)
Darin: Feng-hsien u.a., insges. 24 Erzählungen.

A-bao. No ķīniešu valod. tulk. P. Šmidts.
Majas Viesa Pielikums 1894:15.
«Aus dem Chinesischen übersetzt von Peter Schmidt.»

Williams, S. Wells
The Middle Kingdom. A survey of the geography, government, literature, social life, arts, and history of the Chinese Empire and its inhabitants. By S. Wells Williams, LL.D., Professor of the Chinese language and literature at Yale College, author of Tonic and Syllabic dictionaries of the Chinese language. Revised edition, with illustrations and a new map of the empire. Vol.1.
New York: Paragon Book reprint 1966. XXV,836 S.
Orig. New York: Charles Scribner's Sons 1895.
I,693-694
The story of the Taoist priest
The seller of plums

Wieger, Léon
Rudiments de parler chinois. 5.
Sienhsien: Mission catholique 1895.
Neudruck: *Rudiments 5 et 6. Narrations populaires.* [Ho-chien-fu]: Mission catholique 1903. 785 S.
1: 142038
10 Stücke, nicht gekennzeichnet; z.B. 37. Le tigre; 49. Promotion d'un Tch'eng-hoang; 51. Le novice; 52. Les renards; 57. Parie de dés.

Sui-mang zāle. No ķīniešu valod. tulk. P. Šmidts.
Majas Viesa Mēnešraksts 1897,463-465
«Aus dem Chinesischen übersetzt von Peter Schmidt.»

*[Liu Shih-chen 劉世禎]   Iz knigi Ljao čža j.Perevel s kitajskogo Lju-ši-čžen, pod redakciej A. Smirnova.
Literatura večera Novogo mira [St. Petersburg, Moskva: M. O. Vol'f] Nr 9.1900, 603-606

Chinesische Novellen. Von Pu-Ssung-ling. Übersetzt von Li-te-schun, bearbeitet und herausgegeben von Gustav Gast.
Leipzig, Wien: Bibliographisches Institut (1901). 88 S.

(Meyers Volksbücher.)

Inhalt:

Geschichte der chinesischen Litteratur. Von Dr. Wilh. Grube, a.o. Professor in Berlin.
Leipzig: Amelang 1902, 450-459
(Die Litteraturen des Ostens in Einzeldarstellungen.8.)

[Hung-yü]

Chinesische Erzählungen. Original-Übersetzungen von A. Volpert, Miss.
Die Welt des Ostens. 1904,144,155-156

1. Räubergenossen
2. Der Birnenbauer
3. Der Bonze im Lauschan.

Seltsame Freunde. Original-Erzählung aus dem Chinesischen von -h.[R. Wilhelm]
*Die Welt des Ostens.*1904,199-200

Ivanov, A. I.
Povesti iz sbornika Ljao čžaj čži i. Perevod s kitajskago A. I. Ivanova / Contes du recueil Liao-djai-djih-yih, traduit du chinois par A. J. Ivanoff.
Trudy Troickosavsko-Kjachtinskago Otdelenija Priamurskago Otdela Imperatorskago Russkago Geografičeskago Obščestva. 10.1907, 48-66

Chuan-in
Li-bo-yań
Džu-cin
Kao-čěn-chuan
Tun-žěń-juj
Chua-bi
Džun-li

Prüfung für das Amt eines Stadtgottes. Aus dem chinesischen Novellenbuche Lia[u] Tschai. Übersetzt von R. Wilhelm.
*Die Welt des Ostens.*1909:34.

Wieger, Léon
Folklore chinois moderne.
Hokienfu: Mission catholique 1909.
11   Un viellard originaire de Yáng-sinn au Chân-tong ... (ch. 13)
18   Un certain Sóng-tao ... (ch. 1)
26   Il y avait à Hóai-yang (Nân-hoei) un pauvre étudiant nommé Ie... (ch. 1)
50   Le licencié militaire U ... (ch. 1)
53   A Tch'âng-ts'ing (Chân-tong) vivait un bonze ... (ch. 1)
55   Jénn-kientcheu, de U-t'ai (Chân-tong) ... (ch. 1)
56   Le lettré Tch'ée, assez peu aisé ... (ch. 1)
57   Un jeune lettré de Lí-tch'eng (Chân-tong), Yinn-t'ienkoan .. (ch. 1)
96   Un paysan avait porté ses poires au marché ... (ch. 1)
124   Un sectateur du Lotus Blanc ... (ch. 5)
135   A I-choei (Chân-tong) un certain Mà ... (ch. 15)
170   Tchou-siaoming de Ling-yang ... (ch. 1)
171   Au temps des Ming, durant la période Suân-tei ... (ch. 7)
1: Un 6850/5

Hillier, Walter
The Chinese language. How to learn it. By Sir Walter Hillier, K. C. M. G., C. B. Bd
2.
Shanghai: Kelly & Walsh 1909. V,332 S. + 209 S. chin.Text.
華英文義津逮
Inhalt:
The tiger of Chao Ch'êng
The pupils of the eye that talked
The sowing of the pears
The Taoist priest of Lao Shan
The talking of the birds
Ling Chüeh
Hsi Liu
Ts'u Chih
Wang Ch'êng
The mynah
Hsiang Kao
Cursing the duck
Die Erzählungen werden chinesisch und englisch präsentiert, mit Vokabular und Bemerkungen.

Giles, Herbert Allen
Strange stories from a Chinese studio. Translated and annotated by H. A. Giles. 2nd
edition, revised.
London: T. Werner Laurie 1909. XXIII,490 S.
Auch: Shanghai: Kelly & Walsh 1908. XXIII,490 S.
1. Ausg. 1880.
Die 3. Ausg. erschien London: Laurie, Shanghai: Kelly & Walsh 1916. XXIII,488 S.
Auch: New York: Boni & Liveright 1925. 488 S.
4th rev. ed.: London: T. W. Laurie, Shanghai: Kelly & Walsh 1926. XXIII,488 S.

Weitere Neuausgaben und Nachdrucke.

Ching-feng (Der grüne Phönix). Aus dem Chinesischen Novellenbuch Liao-chai übersetzt. Von R. Wilhelm.
Ostasiatischer Lloyd 24.1910:5,S.129-131

*Daos z gor Lao [Der Taoist vom Lao-shan]. S kitaïskoj movy pereklau ... V. Alekseev.
Naša Niva 1910, 10(23), Juli, Nr 23/24, S.357-359
Bibliothèque nationale de France vh.

*Gul'nja mjačam u nadvodnym carstvi [Ballspiel im Wasserreich].
Kïtajskaja skazka s Tysjačy apavedańnёu - Lao Dzaj - Dzy. Per. s kit.
Naša Niva 1910, 8(21) Juli, Nr 28, S.423-425
Bibliothèque nationale de France vh.

Soulié de Morant, Georges
Essai sur la littérature chinoise. 2. éd.
Paris: Mercure de France 1912. 391 S.
La fresque 310-314
1: Ax 92131[2]

Der Lauschan. Nach chinesischen Quellen bearbeitet von D. Richard Wilhelm. Mit einem Beitrag von Prof. Dr. H. Wirtz.
Tsingtau: Druck und Commissions Verlag von Adolf Haupt 1913. 45 S. 8°
Inhalt:
1. Aus der Lauschanchronik des früheren Censors Huang
Der Ursprung des Namens Lauschan
Berühmte Stätten im Lauschan
Verzeichnis der Tempel und Klöster
Produkte des Lauschan
Zwei Märchen aus dem chinesischen Novellenbuch Liau Dschai Yän Yi von Pu Sung Ling
1. Die Blumenfeen. Übersetzt von Prof. Dr. H. Wirtz
2. Der Priester vom Lauschan. Übersetzt von D. R. Wilhelm

Soulié de Morant, Georges
Strange stories from the Lodge of Leisures, translated from the Chinese by George Soulié de Morant.
London: Constable, Boston & New York: Houghton Mifflin 1913. XIV,166 S.
Inhalt:
The gost in love
The fresco
The dwarf hunters
The corpse of the blood drinker

Love rewarded
The woman in green
The fault and its consequences
Deceiving shadows
Pieceful-light
Hong the currier
Autumn-moon
The princess of Nelumbo
The two brothers
The marble arch
The dutiful son
Through many lives
The River of sorrows
The mysterious island
The spirit of the river
The devils-of-the-ocean
Unknown devils
Childless
The patch of lamb's skin
Love's-slave
The laughing ghost

*A zöldruhás leány. Ford. Moly Tamás.
A Toll 1914:20, S.10-11
[«Das Mädchen im grünen Kleid.»]

Chinesische Novellen. Deutsch von Paul Kühnel.
München: Georg Müller 1914. XXIX,367 S.
(Meisterwerke orientalischer Literaturen. In deutschen Originalübersetzungen heraus-
gegeben von Hermann von Staden.2.)
Die Stimme des Blutes. S.330-340

Die Füchsin. Novelle von Pu Sung-ling. Deutsch von Paul Kühnel.
Geist des Ostens 1.1914,137-147
Hung-yü

Chinesische Novellen. Aus dem Urtext übertragen von H. Rudelsberger. 1.Bd.
Leipzig: Inselverlag 1914. 265 S.
Die Geschichte des Studenten Chen-Yü und der vier hübschen Taoistennonnen. 63-78 [Ch'en Yün ch'i]
Die Tochter des Mandarinen Tseng. 79-91 [Tseng kung nü]
Das Mädchen vom Tung-ting-See. 92-100 [Chih ch'eng]
Die Geschichte vom Studenten Chu und seiner Freundschaft mit dem Höllenfürsten Lu. 101-117 [Lu
pa'n]

Wiederabdruck in:
Chinesische Novellen. Aus dem Urtext übertragen von Hans Rudelsberger.
Wien: Anton Schroll (1924). XIX,296 S.
Die Geschichte des Studenten Chen-Yü und der vier hübschen Taoistennonnen. 61-72

Die Tochter des Mandarinen Tseng. 54-60
Das Mädchen vom Tung-ting-See. 84-88
Die Geschichte vom Studenten Chu und seiner Freundschaft mit dem Höllenfürsten Lu. 73-83

*Baranov, Ippolit
Kitajskaja byl'.
Vestnik Azii. 2.1915, no.34, 1915,S.28-71, 15 Ill.
12 Erzählungen übers. von I. Baranov, Lehrer des Chinesischen an der Handelsschule Harbin.
Sonderdruck: *Kitajskaja byl'*, perevod s kitajskogo Ippolita Baranova.
Harbin: Obščestvo russkich orientalistov 1915.
Ermittelt:
ch.4, 4. Shan-hu
ch.4, 17. Che-lung
ch.7, 2. Ts'u-chih
ch.9, 18. Hsiao-tzu
ch.10, 22. Niao-yü
ch.11, 16. P'eng Erh-cheng
ch.11, 17. T'iao-shen
ch.14, 49. Lung
ch.15, 23. I-shu
ch.15, 34. T'ai-i

Strange stories form a Chinese studio. Translated and annotated by Herbert A. Giles.
New York: Dover (1973). XXIII,488 S.
Neuausgabe der Third edition, revised. Shanghai: Kelly & Walsh 1916. XXIII,488 S.
1. Examination for the post of guardian angel. 1-3
2. The talking pupils. 3-5
3. The painted wall. 6-8
4. Planting a pear-tree. 8-10
5. The Taoist priest of Lao-shan. 10-13
6. The Buddhist priest of Ch'ang-ch'ing. 13-15
7. The marriage of the fox's daughter. 16-20
8. Miss Chiao-no. 20-28
9. Magical arts. 28-32
10. Joining the immortals. 32-40
11. The fighting quails. 40-47
12. The painted skin. 47-51
13. The trader's son. 52-56
14. Judge Lu. 56-65
15. Miss Ying-ning, or the laughing girl. 65-76
16. The magic sword. 77-84
17. The shui-mang plant. 84-88
18. Little Chu. 89-94
19. Miss Quarta Hu. 94-98
20. Mr. Chu, the considerate husband. 98-99
21. The magnanimous girl. 99-102
22. The boon-companion. 102-104
23. Miss Lien-hsiang. 104-115

Chinesische Erzählungen aus der Novellen-Sammlung Liau-Dschai-Dschih-I. Übersetzt von Walter Strzoda.
Der neue Orient.7 (=IV,1-6).1920,41

Chinesische Erzählungen aus der Novellen-Sammlung Liau-Dschai-Dschih-I. «Seltsame Erzählungen aus dem Buen-Retiro eines Gelehrten.» Übersetzt von Walter Strzoda.
Der neue Orient.7 (=IV,1-6).1920,174-176,214-217
4.   Yen-Dschih

(Martin Buber:) *Chinesische Geister- und Liebesgeschichten*. 8. bis 14.Tausend.
Frankfurt a.M.: Literarische Anstalt Rütten & Loening 1920. XV,188 S.
Das Wandbild. S.1-5
Der Richter. S.5-18
Das lachende Mädchen. S.18-38
Die Füchsin. S.38-59
Die Wege des Liebenden. S.59-68
Die Krähen. S.68-76
Die Blumenfrauen. S.76-88
Der närrische Student. S.89-97
Der Gott im Exil. S.97-103
Das Land im Meer. S.104-122
Das Blätterkleid. S.122-129
Der Ärmel des Priesters. S.129-141
Der Traum. S.141-149
Musik. S.149-159
Die Schwestern. S.159-172
Wiedergeburt. S.172-188

*B. Paškov: Pu Sun-lin: *Si chu džu*. Rasskaz. Posobie pri izučenii kitajskogo jazyka (razgovornogo i literaturnogo). Č.1. Kitajskij razgovornyj «baj-chua» i literaturnyj teksty. Izdanie Izdatel'skogo Bjuro Gosudarstvennogo Irkutskogo Universiteta. Irkutsk 1920. 24 S.
Rez.: V. M. Alekseev in *Vostok* 2.1923,148A

*Danilenko, F. F.
Tigr v gorode Čžao-čeń. (Perevod iz kitajskogo sbornika Ljao-čžaj-čži-i F. F. D-ko.)
Vestnik Azii.48.1921,68-69

*P'ou Soung-lin: L'examen du Génie protecteur de la ville. Traduit par Hoa King-chan.
La Chine. Nr 1: 15 août 1921,26-29

*P'ou Soung-lin: Les prunelles causent. Traduit par Hoa King-chan.
La Chine. Nr 2: 1 sept. 1921, 134-137

*P'ou Soung-lin: La fresque. Traduit par Hoa King-chan.
La Chine. Nr 3: 15 sept. 1921, 224-227

*P'ou Soung-lin: Comment on plante un poirier. Traduit par Hoa King-chan.
La Chine. Nr 4: 1 oct. 1921, 276-277

*P'ou Soung-lin: Le taoïste du Mont Lao. Traduit par Hoa King-chan.
La Chine. Nr 5: 15 oct. 1921, 360-363

*P'ou Soung-lin: Le bonze de Tch'ang-Ts'ing. Traduit par Hoa King-chan.
La Chine. Nr 6: 1 nov. 1921, 463-465

*P'ou Soung-lin: Le mariage de la Fille du Renard. Traduit par Hoa King-chan.
La Chine. Nr 11: 1 fév. 1922, 183-189

*P'ou Soung-lin: «Elégance délicate.» Traduit par Hoa King-chan.
La Chine. Nr 14: 15 mars 1922, 395-411

*P'ou Soung-lin: Sorcellerie, conte chinois. Traduit par Hoa King-chan.
La Chine. Nr 15: 1 avril 1922, 663-555

*Hoa King-chan: Le lettré Yé.
La Chine. Nr 16: 15 avril 1922, 1609-613

*P'ou Soung-lin: Tch'eng l'immortel. Traduit du chinois par Hoa King-chan.
La Chine. Nr 17: 1 mai 1922, 671-681

*P'ou Soung-lin: Puang-tch'eng. Traduit du chinois par Hoa King-chan.
La Chine. Nr 18: 15 mai 1922, 729-738

*P'ou Soung-lin: Phénix Azuré. Traduit par Hoa King-chan.
La Chine. Nr 19: 1 juin 1922, 809-816

*La peau maquilée, conte. Traduit par Hoa King-chan.
La Chine. 15 juin 1922, 911-917

*P'ou Soung-lin: Le Fils du Marchand. Traduit par Hoa King-chan.
La Chine. 1 juillet 1922, 995-1001

*P'ou Soung-lin: Le Lettré Toung Traduit par Hoa King-chan.
La Chine. 15 juillet 1922, 1045-1050

*P'ou Soung-lin: Douce Fillette. Traduit par Hoa King-chan.
La Chine. 15 août 1922, 1234-1253

*P'ou Soung-lin: L'assesseur Lou. Traduit par Hoa King-chan.
La Chine. Nr 23: 1 août 1922, 1167-1177
[so nach Cordier]

*P'ou Soung-lin: Nie «Petite Grace». Traduit par Hoa King-chan.
La Chine. 15 août 1922, 1313-1325

Liśe carstvo iz rasskazov Ljao čžaja (XVII-XVIII vv.)
Vostok 1.1922,15-38
Gez.: V. A[lekseev]
Smešlivaja In Nin
Četvertaja Chu
Lis iz Vėjšujja
Lisa nakazyvaet za blud

*Alekseev, Vasilij Michailovič
Ljao Čžaj. Tom pervyj. *Liśi čary* [Fuchszauber]. Iz sbornika strannych rasskazov Pu
Sun-lina (Ljao čžaj čži i). Perevod i predislovie V. M. Alekseeva.
Peterburg: Vsemirnaja literatura 1922. 159 S.
Rez.: *Vostok* 5.1925,219-227 (N. Konrad)

*Škurkin, P. V.
«Tonkaja iva» (kitajskaja povest').
*Vestnik Azii.*49.1922, 197-234

Chinesische Abende. Novellen und Geschichten. In Gemeinschaft mit Tsou Ping
Shou aus der chinesischen Ursprache übertragen von Leo Greiner. Mit zehn
Originallithographien von Emil Orlik.
Berlin: Erich Reiß (1922). 217 S.
Geschichten aus *Tung Chou lieh-kuo chih*; *San-kuo yen-i*; *Chin-ku ch'i-kuan* und *Liao-chai chih-i*.
Aus letzterem:
Der Augenkranke, S.159-162
Das Mädchen mit dem grünen Kleid. S.163-166
Der Tiger. S.167-170
Die Heilige. S.171-179
Die treue Dienerin. S.180-195

Baylin, J. R.
Contes chinois. Peking 1922. 66 S.
(Collection de la Politique de Pékin.)
紅毛氈   Le tapis des cheaveaux rouges, S.1-
蛙曲鼠戲   Chants de grenouilles et comédies des rats, S.2-
陝石某公   Descente aux Enfers, S.5-

死僧	Le bonze mort, S.7
柳秀才	Le bachelier Saule, S.8-
白蓮教	La secte du nénuphar blanc (extrait), S.11-
道士	Le toïste, S.13-
江中	Sur l'eau, S.19-
鴻	Cygnes, S.21-
象	Eléphants, S. 23-
畫壁	La fresque, S.25-
水災	Deluge, S.30-
地震	Tremblement de terre, S.32-
小人	Le nain, S.35-
快刀	Un sabre qui coupe, S.36-
種梨	Piriculture, S.38-
任秀	Jen Sieou, S.41-
戲縊	Pendu pour rire, S.48-
梁彥	Léang Yen, S.49-
農人	Le paysan, S. 52-
胡氏	Maître Hou, S.55-
長清僧	Le bonze de Tch'ang Ts'ing, S.63-

Werner, E. T. C.: *Myths & legends of China.* With 31 illustrations in colours by Chinese artists.
London [usw.]: George G. Harrap (1958). 453 S.
Zuerst London 1922.
Fox legends: (S.370-385)

Friendship with foxes

The marriage lottery

The magnanimous girl

The boon-companion

The alchemist

Übernahme der Übersetzungen aus Giles: *Strange stories.*

Gems of Chinese literature. Prose. By Herbert A. Giles. Hon. LL.D. (Aberdeen). Professor of Chinese in the University of Cambridge. Second ed., revised and greatly enlarged.
Shanghai: Kelly & Walsh 1922. XIV,293 S.

Author's own record. 235-237

Raising the dead. 237-239

A Chinese Jonah. 239-240

Chang Pu-liang. 240

Lïen-tsiang. Von Pu-ssung-ling.
Triumph der Liebe. Ein Venusspiegel. Die schönsten Liebesnovellen der Weltliteratur. Gesammelt und mit einer Einleitung versehen von Curt Moreck. Mit 32 Abbildungen nach Gemälden berühmter Meister.
Berlin, Leipzig, Wien: Deutsches Verlagshaus Bong & Co. (1922), 83-101

J. Halphen, ancien élève de l'Ecole polytechnique: *Contes chinois*; traduits du chinois.
Paris: Librairie ancienne Honoré Champion 1923. 196 S.

T'ung-jen Yü. Histoire de l'homme à la double pupille. 52-57
La peinture murale. 57-62
Le poirier magique. 63-65
Le prêtre taoiste du Mont Lao. 65-70
Le prêtre de Ch'ang-ch'ing. 70-73
Le renard qui marie sa fille. 74-80
Gracieuse et élégante. 80-94
Le sortilège magique. 95-100
Wang Ch'eng. 100-112
La peau peinte. 112-121
L'enfant du marchand. 121-130
Yeh sheng. 130-136
Phénix bleu. 136-147
Tung-sheng. 148-155
Ch'eng Hsien. 155-167
K'ao Ch'eng-huang. 168-171

Volšebnye skazki kitajcev. Perevel s kitajskogo M. P. Cecegov, Professor Kan–tonskogo Učitel'skogo Kolledža.
Berlin: Sever 1923. 60 S. Als Blockbuch gebunden. Illustriert.
Tipografija I. Vizike, Brandenburg na Gavele.
Vorw. gez.: Kanton, 23-go janvarja 1923 g.

Inhalt:
Lišja teń
O skupom sadovnike
Lao-Šan
Ešče do Fata èto bylo
Popugaj starogo Binga
O pravednom tigre
Chu-Ta-Čen

1: 3 A 3453

Ljao Čžaj. Monachi-volšebniki [Mönche und Zauberer]. Iz sbornika strannych ras-skazov Pu Sun-lina (Ljao čžaj čži i). Perevod i predislovie V. M. Alekseeva.
Moskva, Petrograd: Vsemirnaja literatura 1923. 238 S.
Rez.: *Deutsche Wacht* 13.1927:11, S.41 (E. von Zach)
Vostok 5.1925,219-227 (N. Konrad)

Die Nixe vom Dungting-See. Märchen von Pu Sung Ling. [Übersetzt von Richard
Wilhelm.]
Pekinger Abende. 5/6. Juli 1923,8-11
[ch.3, 8.Erzählung: *Chih-ch'eng*]

1.Chinesische Renaissance. – 2.Die redenden Augensterne. Märchen aus Liau Dschai
von Pu Sung Ling. [Übersetzt von Richard Wilhelm.]
Pekinger Abende. II,2.1924, 8-21

Seltsame Schicksale. Märchen aus Liau Dschai von Pu Sung Ling. [Übersetzt von
Richard Wilhelm.]
Pekinger Abende. II,4.1924,20-27

P'u Sung-ling: *Seltsame Geschichten aus dem Liao Chai.* (Frei übertragen aus dem
Urtext von Erich Schmitt, Berlin.)
Berlin: Alf Häger (1924). 215 S., 5 Holzschnittill.
Ex Oriente Lux. 1.Abt.: China.)
Der Traum der gelben Hirse. S.21-39
Chih-ch'eng. das junge Mädchen vom Tung-t'ing-See. S.40-49
Das Fußballspiel auf dem Tung-T'ing-See. S.50-55
Die gemalte Haut. S.56-66
Magie. S.67-71
Die Laterne als Hund. S.72-75
Der Taoistenpriester vom Lao-shan. S.76-83
Die drei Genien. S.84-87
Der Tiger von Chao-ch'eng. S.88-92
Die kämpfende Wachtel des Wang Ch'eng. S.93-109
Pao Chu. S.110-113
Die Shui-mang-Pflanze. S.114-126
Das Amulett des Spielers. S.127-130
Der kleine Jagdhund. S.131-136
Die Planchette des Spiritisten-Heiligen. S.137-142
Der gestohlene Pfirsich. S.143-150
Medizinische Kunst. S.151-155
Die Geschichte des Herrn T'ang. S.156-161
Der dankbare Hund. S.162-164
Spiritistische Séancen mit tanzenden Geistern. S.165-169
Die Geschichte des Zauberers Chen. S.170-176
Der langsame Tod. S.177-178
Die beiden Hirtenknaben. S.179-181
Der Vogel Rock. S.182-184
Die acht irdenen Krüge des Li Yüeh-sheng. S.185-189

Was Li-Pao-Ting erzählt. Chinesische Sagen und Märchen. Deutsch erzählt von S.
Förster-Streffleur.
Wien: Kunstverlag Anton Schroll (1924). 140 S.
Abbildungen aus *Hsiang-chu Liao-chai chih-i t'u-yung.*

Inhalt:

Ljao Čžaj. Talanty kitajkogo sud'i [Die Talente eines chinesischen Richters]. Per. s kitajskogo V. M. Alekseeva.
Vostok 5.1925,103-126

Louis Laloy: *Contes magiques d'après l'ancien texte chinois de P'ou Soung-lin (l'immortel en exil).*
Paris: L'édition d'art, H. Piazza (1925). XI,213 S.
Neuausgabe:
P'ou Song-ling: *Contes étranges du Cabinet Leao.* Traduits du chinois par Louis Laloy.
(Arles:) Philippe Picquier (1994). 173 S.
La fresque
L'ermite du mont Leao
La petite Ning
Gnieh Siao-ts'ing
Le lettré Foung-yang

La jeune fille fidèle
Houng-yuh
Lin la quatrième
Le taoiste
Nuée-volante
Choei-yun
Le seigneur Loung-fei
Heng-niang
Le fou de lecture
Lien-souo
Wang Cheu-siou
Ts'ing-ngo
Foung troisième
La princesse du lac
Houan-niang

*Di Giura, Ludovico Nicola
P'u Sung-ling. *Fiabe cinese*, tr. dal cinese di L. N. di Giura.
Milano: Mondadori (1926). 569 S.

Sin Schi Si Niang. Die 14.Tochter der Familie Sin. Aus P'u Sung Ling, Liao Tschai
Tschi I. Übersetzt von Paotschen.
Sinica.2.1927,172-179

Wilhelm Othmer [Übers.]
Te-wen yüeh-k'an. Deutsche Monatsschrift.2.1927,227-233
Der junge Herr Tsin. Aus den «Merkwürdigen Erzählungen aus meinem Studierzimmer», 13,37
Der Geldregen. Aus den «Merkwürdigen Erzählungen aus meinem Studierzimmer», 14,2
Der Bauer und der Fuchs. Aus den «Merkwürdigen Erzählungen aus meinem Studierzimmer», 15,5
Der treue Hund. Aus den «Merkwürdigen Erzählungen aus meinem Studierzimmer», 15,38

Die Insel der Seligen. Aus den «Merkwürdigen Erzählungen aus meinem Studierzim-
mer», 12,4.
Te-wen yüeh-k'an. Deutsche Monatsschrift.2.1927,287-289
Wiederabdruck:
Die Insel der Seligen. Aus den «Merkwürdigen Erzählungen aus meinem Studierzim-
mer». Übersetzt von Prof. Dr. W. Othmer.
Te-wen yüeh-k'an [Taipei].1.1963,März,21-24

Yü Giang. Aus den «Merkwürdigen Erzählungen aus meinem Studierzimmer», 15,48.
Te-wen yüeh-k'an. Deutsche Monatsschrift.2.1927,290-291

Hexerei. Aus den «Merkwürdigen Erzählungen aus meinem Studierzimmer», 1,9.
Te-wen yüeh-k'an. Deutsche Monatsschrift.2.1927,339-342

Die fremden Mönche. Aus den «Merkwürdigen Erzählungen aus meinem Studierzimmer», 3,18.
*Te-wen yüeh-k'an. Deutsche Monatsschrift.*2.1927,343

Der Trinkkumpan. Aus den «Merkwürdigen Erzählungen aus meinem Studierzimmer», 2,10.
*Te-wen yüeh-k'an. Deutsche Monatsschrift.*2.1927,344-346

Die Geschichte des Niu Tschëng-dschang. Aus den «Merkwürdigen Erzählungen aus
meinem Studierzimmer», 7,12.
*Te-wen yüeh-k'an. Deutsche Monatsschrift.*2.1927,347-349

Ljao Čžaj. Strannye istorii [Seltsame Geschichten]. Perevod s kitajskogo originala,
predislovie i primečanija professora V. M. Alekseeva.
Leningrad: Mysl' 1928. 272 S.
Rez.: *Deutsche Wacht* 14.1928:6, S.44-45 (E. von Zach)

Die redenden Augensterne. Märchen aus Liao Dschai von Pu Sung Ling. Aus dem
Chinesischen nacherzählt von Richard Wilhelm.
*Atlantis.*1.1929,226-227

*Lien-hsziang, a rókatündér. [«Lien-hsiang, die Fuchsfee.»]
A rókaleány.* Ford. Komáromy Imre.
Budapest: Erdélyi Helikon 1929,200-208

Fornaro, Carlo de
*Carlo de Fornaro: *The Chinese decameron.*
New York 1929. 205 S.
135-139: The Taoist monk

Das Zauberbuch. Ein chinesisches Märchen aus der Sammlung Liau Dschai Dschi I
von Pu Sung Ling. Übersetzt von Ling Tsiu-sen.
*Sinica.*5.1930,20-24

Vasil'ev, B. A.
Drevnie istočniki Ljao-čžaja. B. A. Vasil'eva. (Predstavleno akademikom V. M.
Alekseevym.)
Izvestija AN SSSR. Ser. 7: Otdelenie obščestvennych nauk. 1931, Nr 1, S.23-52
1. Chrabnyj Sun
2. Lisy vraždujut
3. Student Van
4. Krasavica Žeń

Ou Itai: *Le roman chinois*. Préface de M. le professeur Fortunat Strowski, membre de
l'Institut, professeur à la Sorbonne.
Paris: Véga 1933. 192 S.

143-146: Huang-ying
146-147: Ma Chieh-fu

Fong-sien (renarde enchantée).
Anthologie de la littérature chinoise des origines à nos jours. Par Sung-nien Hsu.
Paris: Delagrave 1933,277-282

A crow wife. Translated by Pan Tze Yen [P'an Tzu-yen] 潘子延
China Journal.18.1933,175-178

«This translation differs in many respects both in sense and in phraseology from that published in
Strange stories from a Chinese studio by Dr. H. A. Giles.»

Ljao Čžaj. Novelly. Perevod s kitajskogo, vstupitel'naja stat'ja i primečanija V. M.
Alekseeva.
Vostok.1: *Literatura Kitaja i Japonii*. Moskva, Leningrad: Academia 1935,285-300

290-295: Moja istorija (Predislovie Ljao Čžaja k sborniku ego novell Ljao Čžaj čži-i)
296-300: Devuška v zelenom. Novella

Tao, Pung-fai
Liao-chai. Seltsame chinesische Erzählungen. Übertragen von Pung-Fai Tao, Lektor
an der Universität Breslau.
Breslau, Deutsch-Lissa: Paul Moser [später von Priebatsch übernommen] 1935. 61 S.
Vorwort von Chi-Han Liu.
Nachdruck: *Seltsame chinesische Märchen*. Konstanz: Byk Gulden 1973.

Inhalt:
Ein Pfirsich wird vom Himmel geholt
Der Geldregen
Der Zimmermann Feng
Der kleine Jagdhund
Der Weinwurm
Der Graf Hai
Ein seltsam bestrafter Diebstahl
Die todbringende Leiche
Die gestohlenen Augen
Geheimnisvolle Zurückzahlung einer Schuld
Der schlaue Papagei
Der verlorene Bräutigam
Die Fuchsfee
Das Bergungeheuer
Die Vergeltung bleibt nicht aus
Der Hagelgott
Hue-Fang, die Glücksbringerin
Die bestrafte Schwiegertochter
Die Wiedergeburt

Der unbeherrschte Trinker
Betrafter Geiz
Ein Licht – ein Hund – ein Mädchen
Ein gefährlicher Zauberer aus der «Weißen Lotossekte»
Der Trinkbruder
Der seltsame Tod des alten Dsu
Der Student aus Lehm
Die Wasserspeierin
Der verschwundene Sohn
Der Fuchsgeist vom We-Fluß
Die seltsamen nächtlichen Zecher
Der eigene Sohn als Gläubiger
Eine Teufelin stiftet Unheil
Der Zauberzettel
Erlebnis in der Unterwelt
Der kleine Frechdachs
Wie kann man ein Heiliger werden

Introduction to literary Chinese. By J. J. Brandt, author of Wenli Particles, Modern Newspaper Chinese, etc. Second edition.
Peiping: Henri Vetch 1936. XI,352 S.
Aus dem Liao-chai:
15-16 Planting a pear-tree. S.121-123; 129-130
17-19 Magic arts. S.136-138;145-147;153-155
20-22 The taoist priest of Lao-shan. S.159-161; 165-167; 174-175
23-24 Examination for the post of guardian god. S.181-182; 189-192
25-26 The tiger of Chao-ch'eng. S.198-199; 206-208

Ķīniešu pasakas. Prof. P. Šmita izvēlētas.
Riga: Valters un Rapa 1936. 148 S.
  3.   Lapsa [Fuchs]
18.   Tung-ting ezers [Der Tung-t'ing-See].

*Pestovskij, B.
*Literatura Uzbekistana.*3.1936,105-112
Morskoj miraž na ostrove Cejlon

Ljao Čžaj. Rasskazy o ljudjach neobyčajnych [Erzählungen über ungewöhnliche Leute aus dem Liao-chai]. Iz serii novell «Ljao čžaj čži i». Per. s kit., predisl. i komment. akad. V. M. Alekseeva. Ill. kit. chudožnikov.
Moskva, Leningrad: AN SSSR 1937. 494 S.

Ch'u, Ta-Kao 初大告
Stories from China, put into basic English, by T. K. Ch'u .
London: Kegan Paul, Trench, Trubner & Co. 1937. 84 S.
(Psyche miniatures. General series.89.)

Darin:
Planting a pear tree
Interesting deaths
The peach from the royal mother's garden

*Wulff, Kurt
Tyve sælsomme fortællinger af Pu Sung-Ling oversat fra Kinesisk af Kurt Wulff.
København: Bianco Lunos Bogtrykkeri 1937. 136 S.
Trykt i 750 Ekspl.

La Cina antica e moderna; raccolta di racconti cinesi classici e moderni, con 60 illustrazioni specialmente preparate per il libro.
Shanghai: B. Perme 1938. 255 S.
«Buona parte sono dovute alla penna di Pu Sung-ling. Altre sono opera di Ci-iun. Di altre ancora non sò chi ne sia l'autore.»

*Daudin, Pierre
Cinquante contes chinois extraits du Liao-tchai tche-yi, traduits intégralement en français par Pierre Daudin.
Saigon: Impr. de l'Union 1938 (1940). XII,368, IV S.

Der Pantoffel der kleinen Yen-dschi. Zwei chinesische Novellen aus alter Zeit. Mit drei chinesischen Miniaturen. Aus den Urtexten übertragen von Anna von Rottauscher.
Wien: Wilhelm Frick (1940). 72 S.
(Wiener Bücherei.Bd 9.)
Titelgeschichte.

Kleines chinesisches Lesebuch. Eine Auswahl aus der klassischen Literatur Chinas. Aus den Urtexten übersetzt und eingeleitet von Herbert Franke.
Köln: Staufen-Verlag [1940]. 63 S.
(Staufen-Bücherei.23.)
Die Drachen und die Spinne.44-45
Der Kreisvorsteher von Dsi-tung. 45-46
Nächtliches Leuchten. 46
Der Geist vom Po-yangsee. 46-47
Der Augenkranke. 47-49
Der Leichnam. 50
Der Frauenkopf. 50-52
General Schö. 52
Dschang Bu-liang. 53
Szu Bi-dschen.53-55

Chinese ghost and love stories. (A selection from the Liao Chai stories by P'u Sungling translated by Rose Quong [Kuang Ju-ssu].)

(New York:) Pantheon (1946).

The introduction by Martin Buber is taken, with permission of the author, from his German translation of stories selected from the Liao Chai, published in 1911 under the title *Chinesische Geister- und Liebesgeschichten.*

Ah-pao and her foolish lover. S.17-26
The fox maiden Lien-shiang. S.27-45
The flower maiden Shiang-yu. S.47-58
The crazy bookworm. S.59-67
Princess Lotus. S.69-76
Heng-niang's advice to a neglected wife. S.77-85
Pien-pien, the lovely fairy. S.87-94
The singing girl Rui-yun. S.95-100
Dreaming of the scholar Feng-yang. S.101-106
The scholar Yeh. S.107-112
Ying-ning, the laughing girl. S.113-130
A taoist priest gives a feast. S.131-135
Planting a pear tree. S.137-138
Huan-niang and her lute master. S.139-147
Judge Lu. S.149-159
The rebirth of Shiao-shieh. S.161-174
How Sun Pi-chen was saved. S.175
Master Kuo finds a magic path. S.177-179
The land of Locha and the sea-market. S.181-197
The fairy wife of Chu Sui-liang. S.199-202
Ah-shiu and her double. S.203-214
Chou Ko-chang and his ghost. S.215-218
A stone from heaven. S.219-225
The talking eye-pupils. S.227-230
A stream of money. S.231
Lu's daughter and her lover Chang. S.233-240
Old Chu returns for his wife. S.241-242
The guardian immortal's sleeve. S.243-253
Chih-cheng, maid of the lake. S.255-260
Jen Shiu's luck in gambling. S.261-266
The sisters exchange in a marriage. S.267-274
The thunder god's assistant. S.275-282
The little hunting dog. S.283-285
The Taoist priest of Lao-shan. S.287-292
The girl in the green dress. S.293-296
Chu-ching and the man who changed into a crow. S.297-304
The wall painting. S.305-308
Wang Shih-shiu played football. S.309-313
Niu Cheng-chang and his faithless widow. S.315-318
The hairy fox and the farmer's son. S.319-324

The verses at the beginning of the stories were not written by P'u Sung-ling, but were added by different writers to the original illustrations.

Die Herkunft der zahlreichen Holzschnittillustrationen ist nicht spezifiziert; gedankt wird lediglich der Columbia University Library, dem Boston Museum of Fine Arts und der NY Public Library für die Bereitstellung des Materials.

P'u Sung-ling: *Die Füchsin und die tote Geliebte*. Eine chinesische Liebes- und Gei-
stergeschichte aus dem Liao Tschai.
Berlin: Steuben-Verlag Paul G. Esser 1947. 20 S.

[Herbert Franke: Neun Geschichten aus Liao-dschai dschi-i.]
Das Karussell der Abenteuer. Abenteuerliche Geschichten der Weltliteratur.
Köln: Staufen-Verlag 1947,349-399
(Übertragungen: Dorothea Behrend, Albrecht Fabri, Herbert Franke.)
2.Aufl. 1949. 434 S.
Der wandelnde Leichnam. 349-352
Der zauberkundige Mönch. 353-358
Die Buße des Zensors Hua. 359-361
Das Wandbild. 362-366
Der Geist des Vaters. 367-372
Der Tiger und die Waffe. 373-379
Der Höllenrichter als Freund. 380-390
Der Sturz in den Brunnen. 391-397

*Langen, Ferdinand [d.i. Egbertus Pannekoek]
P'ou-Song-Ling: *De wonderlijke verhalen van een Chinees*. Vor Nederland bewerkt
door Ferdinand Langen. Geïll. door R. H. van Rossem.
Amsterdam: De Bezige Bee 1947. 176 S.

Die Kampfgrille. [Übersetzt von Franz Kuhn.]
Darmstädter Echo. 4.1.1947 bis 15.2.1947

Die Kampfgrille. [Übersetzt von Franz Kuhn.]
Stimmen der Völker. Meisternovellen der Weltliteratur. 17/18.1947,670-682

*Pu Sun-lin. Kak on sadil grušu [P'u Sung-ling: Wie er eine Birne pflanzte]. Per. s
kit. V. M. Alekseeva.
Čudesnyj master. Kitajskie rasskazy, skazki, basni, pritči, poslovicy, zagadki [Der
wunderbare Meister. Chinesische Erzählungen, Geschichten, Fabeln, Parabeln,
Sprichwörter und Rätsel.]
Čita: Čitinskoe knižnoe izd. 1954,9-10
Abdruck aus: *Monachi-volšebniki.*

Pu Sun-lin: *Ljao čžaj. Rasskazy o ljudjach neobyčajnych*. Perevod s kitajskogo
(akademika V. M. Alekseeva). Redakcija i posleslovie doktora filologičeskich nauk
N. T. Fedorenko.
Moskva: Gos. izd. chudožestvennoj literatury 1954. 282 S.
Neuausgabe. Insgesamt 59 Novellen aus dem *Liao-chai chih-i*. Nicht übernommen aus der Ausgabe
1937 wurden die drei Novellen: Cjao Njan i ee ljubovnik [Ch'iao Niang und ihr Geliebter], Svjatoj
Chè [Der heilige Ho] und Nežnyj krasavec Chuan devjatyj [Schönling Huang der Neunte].

Inhalt:

Pu Sun-lin: Ljao čžaj. Liśi cary; strannye istorii. Perevod s kitajskogo akademika V. M. Alekseeva.

Moskva: Gos. izd. chudožestvennoj literatury 1955. 292 S.

Redakcija i posleslovie N. T. Fedorenko.

Neuausgabe. Insgesamt 49 Novellen aus dem Liao-chai chih-i. Aus dem Band *Fuchszauber* wurde die Novelle Tovarišč ṕjanicy [Der Kamerad des Trinkers], aus der Sammlung *Seltsame Geschichten* Lisa ostrit [Ein Fuchs scherzt] nicht übernommen.

Inhalt:

*Lin Yü-t'ang
Famous Chinese short stories. Retold by Lin Yu Tang.
New York: The Pocket Library 1955. XVII,299 S.
(auch Ausg. 1952 und 1954 sowie 1979.)

*Průšek, Jaroslav
Pchu Sung-ling: *Zkazky o šesteru cest osudu.* Z čínského originálu přeložil Jaroslav
Průšek. Doslov a poznámky napsal Jaroslav Prušek.
Praha: Státní nakl. krásne literatury, hudby a uměni 1955. 276 S.

Altchinesische Tiergeschichten. Aus den chinesischen Texten übertragen von Anna
Rottauscher.
Wien, Berlin, Stuttgart: Paul Neff 1955. 264 S.
Das Buch enthält etliche Geschichten aus dem Liao-chai, allerdings sind die jeweiligen Quellen nicht
angegeben. Ganz offensichtliche Fuchsgeschichten aus der Ch'ing-Zeit:
Die Füchsin und das Geistermädchen. 148-164
Der Fuchs, der Gold regnen ließ. 171-173
Der Fuchs im Krug. 183-184
Die Schlacht mit den Fuchssoldaten. 187-191
Dschia-tze-lung. 204-207
Das Fuchsmädchen. 226-227
Der Fuchs vom Weifluß. 248-251
Der Weinfälscher. 251-253
Wang, der Boxer. 257-258
Das davongelaufene Fuchsdienstmädchen. 259-260
Ein Fuchsmädchen wird in den Fluß getrieben. 262-264

Vgl. auch: *Altchinesische Tiergeschichten.* Aus chinesischen Urtexten übertragen von
Anna von Rottauscher. Wien: Agathonverlag o.J. 367 S.

Chinesische Märchen. (Aus dem Chinesischen übertragen von Richard Wilhelm.)
(34.-35.Taus.)
(Düsseldorf, Köln:) Eugen Diederichs (1955). 393 S.
34.   Der Priester vom Lauschan
35.   Der geizige Bauer
46.   Der Bergelf
50.   Der kleine Jagdhund
51.   Der Drache nach dem Winterschlaf
57.   Fuchsfeuer
68.   Das tote Mädchen
75.   Das Oger-Reich
81.   Die bemalte Haut
82.   Die Sekte vom weißen Lotos
94.   Die schöne Giauna
95.   Ying Ning
96.   Die Froschprinzessin
97.   Abendrot
98.   Edelweiß
99.   Das Heimweh

Die Geister des Gelben Flusses. Chinesische Märchen. (Unter Benutzung der Übersetzung von Richard Wilhelm. Mit einem Nachwort von Dshu Bai-Lan (Klara Blum)
Nanking.)
Rudolstadt: Greifenverlag (1955). 359 S.
22.   Der geizige Bauer
33.   Der kleine Jagdhund
34.   Der Drache nach dem Winterschlaf
49.   Die bemalte Haut
50.   Die Sekte vom weißen Lotos
61.   Die schöne Dshiao-Na
62.   Ying Ning
63.   Die Froschprinzessin
64.   Abendrot
65.   Edelweiß
66.   Das Heimweh

Irrlicht und Morgenröte. Fünf chinesische Erzählungen mit sechs farbigen Illu-
strationen. (Aus dem Chinesischen ins Deutsche übertragen von Anna von Rott-
auscher.)
Zürich: Die Waage (1955). 132 S.
Dsi Schangs schwierige Heirat. S.5-22
Ein Haus zerbricht an der Hoffahrt, ein anderes gewinnt seinen Frieden. S.23-34
Die Wandlung des eitlen Tseng. S.111-[133]

Pu Sung-ling: *Gaukler, Füchse und Dämonen.* Aus dem Chinesischen übertragen von
E. P. Schrock und Liu Guan-ying 劉冠英.
Basel: Benno Schwabe (1955). 228 S.
Füchse feiern Hochzeit, und ein ungeladener Gast stiehlt einen Goldpokal. S.15-19

Meister Gung verschafft Schang durch Zauberei den Stammhalter und eine Nebenfrau. S.20-28

Der junge Ma wird ins Dämonenreich verschlagen und heiratet die Tochter des Drachenkönigs. S.29-42

Heng-niang lehrt die geborene Dschu, wie man die Liebe eines Mannes wiedergewinnt. S.43-48

Der Zauberlehrling, der sein Herz nicht rein erhält, rennt mit dem Kopf gegen die Mauer und wird zum Gespött der Leute. S. 48-52

Der Höllensekretär Lu verhilft seinem Zechbruder zu einem klügeren Herzen und zu einer hübscheren Frau. S. 53-63

Eine Füchsin und ein Mädchengeist werden aus Nebenbuhlerinnen zu Freundinnen aus Liebe zum Scholaren Sang. S. 63-79

Der leichtfertige Fang-dung wird durch die Pupillenmännchen auf den rechten Weg geführt. S.80-83

Geister und Füchse verhelfen dem jungen Fu zur Mannbarkeit. S.83-94

Das Wandbild einer Götterjungfrau wird lebendig, und ein Verliebter erfährt, daß das Leben ein Traum ist. S.95-98

Der Tunichtgut Tjü-bing verliebt sich in ein Fuchsfräulein und rettet dessen Onkel das Leben. S.98-107

Ein Nachfahre des Meisters Kung wird von einer Geisterfüchsin geheilt und rettet ihre Familie vor dem Untergang. S.107-118

Der Scholar Sung wird von Göttern geprüft und zum Stadtgott erhoben. S.119-121

Ein Pulsspezialist sagt kommendes Unheil voraus, und das Gericht der Unterwelt entzieht einer Geisterfüchsin die Pille der Unsterblichkeit. S.121-127

Zwei Ehrenmänner werden an den Erfahrungen einer bösen Welt zu Heiligen. S.127-138

Yü-djing läßt sich mit einem Wespenmädchen ein und rettet ihm das Leben. S. 138-140

Wang-tscheng erwirbt mit Wachtelkämpfen ein Vermögen und lernt Fleiß und Ausdauer schätzen. S. 140-149

Ein Bauer, der mit einer Birne geizt, verliert die ganze Ernte. S. 149-151

Der Student Dschu wird mit Schui-mang-Gras vergiftet und findet in der Geisterwelt eine hübsche Frau. S.151-157

Ein Unbekannter entstellt das Gesicht der schönen Kurtisane Jui-yün, die Liebe ihres Mannes verschafft ihr die alte Schönheit wieder. S.157-161

Wang heiratet eine Fuchstochter, sein lüsterner Nachbar findet durch einen Skorpion den Tod. S.162-177

Yü-yung heiratet das Rabenweibchen Bambusgrün und verschafft dadurch seiner Frau in der Menschenwelt einen treusorgenden Sohn. S.177-183

Eine Braut wird ausgetauscht und ein Student vom Prüfungsamt der Unterwelt für eheliche Treue belohnt. S.183-189

Die Rosenelfe Go-djin weilt für einige Zeit in der Menschenwelt und beschenkt einen Rosenfreund mit neuen seltenen Arten. S.189-200

Zwei Liebende sterben, um vereint zu werden, und finden eine Gefährtin. S.200-208

Ein Bettler wird General und schenkt einem alten Gönner aus Dankbarkeit die Hälfte seiner Habe. S.208-212

Die Elfe Piän-piän rettet den jungen Lo aus tiefem Elend und schenkt ihm einen klugen Sohn. S.212-218

Der Taubenzüchter Dschang bekommt zwei weiße Geistertauben zum Geschenk, ihr Verlust verleidet ihm das Sammeln. S.218-223

Ein altes Mütterchen verliert seinen einzigen Sohn durch einen Tiger, der seine Tat sühnt, indem er die Pflichten des Sohnes übernimmt. S.223-225

Zwei Lebemänner halten in der Trunkenheit eine Hütte für einen Palast und Steine für hübsche Mädchen. S.226-229

Tre racconti fantastici.
Cina.1.1956,122-132
Trad. di L. N. di Giura, per concessione della Casa A. Mondadori, editrice de I racconti fantastici di Liao. Milano 1955.
1. Il dipinto murale
2. La semina del pero
3. Il signor Lung Fei

Antologia literatury chińskiej. Tłumaczyli z języka chińskiego Janusz Chmielewski, Aleksyj Dębnicki, Witold Jabłoński, Olgierd Woijtasiewicz. Red. Witold Jabłoński. Warszawa: Państwowe Wydawnictwo Naukowe 1956. 239 S.
Obraz na murze. 165
Sadzenie gruszy. 167

Yang, Hsien-yi and Gladys Yang
Tales of Liao-chai: A selection.
Chinese Literature. 1956:1 (Jan.),115-142
Lazy Wang
Tien the hunter
The rakshas and the sea market
A dream of wolves
The exorcist marries a fox

Pu Sung-ling: *Höllenrichter Lu. Chinesische Gespenster- und Fuchsgeschichten.* Eisenach, Kassel: Erich Röth (1956). 112 S.
Aus dem Chinesischen von Irmgard und Reinhold Grimm. Mit 16 alten chinesischen Holzschnitten.
Die bemalte Haut. S.5-9
Der Taoistenpriester im Lauschan. S.9-13
Höllenrichter Lu. S.14-24
Rotjade. S.24-34
Herr Fux. S.34-39
Das Mädchen vom Dung-Ting-See. S.40-46
Das Lotschaland und das Seekönigreich. S.46-59
Die Prinzessin vom Westsee. S.60-70
Prinzessin Lotos. S.71-78
Das Mädchen mit dem grünen Kleid. S.78-81
Das Bootsmädchen. S.82-90
Der Pfirsichdiebstahl. S.90-94
Die tote Frau. S.94-98
Wiedergeburten. S.98-101
Das Fuchsmädchen. S.102-104
Die häßliche Füchsin. S.105-109

*Yu Fan-chin
The painted skin. A tale from Strange stories from a Chinese studio. Adapted and illustrated by Cheng Shih-fa. Translated by Yu Fan-chin.

Peking: Foreign Languages Press 1957. 40 S.

Pu Sun-lin (Ljao Čžaj). *Monachi-volšebniki*. Rasskazy o ljudjach neobyčajnych. Perevod s kitajskogo i kommentarii V. M. Alekseeva. Red. i predisl. N. T. Fedorenko. Moskva: Gosudarstvennoe izdatel'stvo chud. literatury 1957. 563 S.

1: 54372

Inhalt:

Die Kampfgrille.
Der Turm der fegenden Wolken. Altchinesische Novellen. Aus dem Chinesischen
übertragen von Franz Kuhn. (2. veränderte Aufl.)
Freiburg i Br.: Hermann Klemm, Erich Seemann (1958),62-76

*Ljao Čžaj (Pu Sun-lin). *Soderžanie činovnika* [Das Gehalt des Beamten, und weitere
11 Novellen aus dem Liao-chai]. Per. s kit. V. M. Alekseeva.
Kitajskaja literatura. Chrestomatija [Chinesische Literatur. Eine Chrestomathie.]. Sost.
R. M. Mameva. T.1. Moskva: Učpedgiz 1959,602-628

Furcsa históriák. [Elbeszélések.][«Merkwürdige Geschichten.»]
(Ford. Tökei Ferenc.)
Budapest: Magyar Helikon 1959. 294 S.
(Új Elzevir könyvtár.[4.])
Darin:

A hollandi szönyeg 215-216
Az öszibarack-lopás. 217-223
A halott asszonyi. 224-229
Háromelet. 230-236
A zöldruhás leány. 237-242
Farkas-álom. 243-252
Hsziao-hszie újjászületése. 253-276

Two tales of Liao-chai. (Translated by Yang Hsien-yi and Gladys Yang.)
Chinese literature. 1959:6, 108-116
The cricket. 108-113
The rope trick, 113-116

Pu Sun-lin: *Novelly.* Perevod s kitajskogo P. Ustina i A. Fajngara.
Moskau : Gosudarstvennoe izdatel'stvo chud. literatury 1961. 382 S.
Perevod pod redakciej L. Pozdneevoj.
Perevod P. Ustina
Nakazanie za kražu 23
Gospoža Seraja 25
Voskresenie Ljań-so 29
Ostryj meč 41
Chrabryj Juj Czjan 43
Kozni pokojnicy 46
Rasputnyj knjažič 50
Sud'ja Lu 56
Koń s kartiny 70
Iskusstvo boŕby 73
Mytarstva suprugov 77
Čudovišče 91
Mest' 93
Čelovečnyj bot 98
Brat'ja Polosatye 107
Besputnyj student 112
Načal'nik nad luscami 115
Rumjanaja 118
Kak Czja Fyn-čži stal bessmertnym 137
Rozovaja Babočka 149
Talantlivaja Jań 158
Pravitel' 165
Počtitel'nyj Chań Fan 171
Gunsuń Devjataja 174
Vozmezdie 186
Sestra Čou 193
Golodnyj Čert 212
Zlaja šutka 216
Nepreklonnyj Si Fan-pin 219
P'janica 231
Vernaja ljubov́ 239
Neblagodarnyj 245

Perevod A. Fajngara
1a: 93604

Stories about not being afraid of ghosts. Compiled by the Institute of Literature of the Chinese Academy of Sciences. (Translated by Yang Hsien-yi and Gladys Yang.) Peking: Foreign Languages Press 1961.88 S.
Black magic. 44-47
Keng Chu-ping. 48-51 (From «Green phenix»)
Catching a fox and shooting at a ghost. 52-54

Malowana skóra. [Übers.:] H. Smisniewicz-Andrzejewska.
Przegląd orientalistyczny 1961,175-179

*P'u Sung-ling: *Mnisi czarnoksiężnicy czyli niesamowite historie o dziwnych ludziach.* Przeł. z chin. Bożena Kowalska i in. Wstęp.: Tadeusz Żbikowski. Warszawa: Iskry 1961. 204 S.
18 Stücke

Black magic.
*Chinese literature.*1961:5, 76-79
(Stories about not being afraid of ghosts.)

Pu Sung-ling: Tales from Liao-chai.
*Chinese Literature.*1962:10 (Okt.), 69-88
Translated by Yang Hsien-yi and Gladys Yang.
Ying Ning
The chrysanthemum spirit
A strange tale of pigeons

P'u Sung-Ling: *I racconti fantastici di Liao.* Unica traduzione autorizzata dal cinese di Ludovico Nicola di Giura. Edizione aumentata e riveduta con premessa e note di Giovanni di Giura. Introduzione di Giuseppe Tucci. Trentadue tavole a colori fuori testo. Vol. 1-2.
(Milano:) Mondadori (1962). 1901 S.
(I diamanti.)

1.   La scelta del protettore dell città 25
2.   Le pupille parlanti 28
3.   Il dipinto murale 31
4.   La semina del pero 34
5.   Il taoista di Lao Scian 36
6.   Il bonzo di Ci'ang C'ing 40
7.   Il matrimonio della figlia della volpe 43
8.   Ciao Nuò 48
9.   L'arte magica 58
10. Il signor Yeh 61
11. C'eng l'«immortale» 65
12. Wang C'eng 74
13. C'ing Fêng 82
14. La pelle dipinta 90
15. Il figlio del mercante 96
16. Il signor Tung 102
17. Il giudice Lu 107
18. Ying Ning 116
19. Nieh Hsiao C'ien 130
20. La pianta di «sciuè mang» 141
21. Il letterato di Fêng Yang 146
22. Il piccolo Ciú 151
23. Il nano mandarino 158
24. La signorina Hu n. 4 159
25. Il vecchio Ciú 164
26. La generosa fanciulla 166
27. Il gaio compagno 174
28. La signorina Lien Hsiang 177
29. A-Pao 192
30. Jen Hsiu 199
31. Ciang C'eng 203
32. La intelligente fanciulla 211
33. Il castigo della volpe 222
34. I tre geni
35. La canzone delle rane
36. La tigre di Ciao C'eng
37. Il nano
38. Liang Yen
39. Hung-Yü
40. La signorina Lin n. 4
41. La signorina Lu
42. Il prete taoista
43. Il signor Hu
44. Il re

302. Il censore di Fêng-tu
303. Il gigante
304. Il licenziato in lettere Liú
305. Il giovane signor Tung
306. Il signor Leng
307. La volpe che punisce la licenza
308. Il mercato della montagna
309. Il signor Sun
310. Il licenziato in lettere di I-sciué
311. Il bonzo ammazzato
312. Il bue che vola
313. Lo specchio magico
314. L'epidemia bovina
315. Ciú San
316. Un certo Liú
317. Il cassiere
318. Cin, il marito della vergine
319. Il verme del vino
320. Il cane fedele
321. Il Dio della Montagna Sacra
322. Il Dio-falco e il Dio-tigre
323. Il mangiatore di pietre
324. L'idolo del tempio
325. Il terremoto
326. Il vecchio gentiluomo Ciang
327. Trasformare la gente in bestie
328. La tagliente sciabola
329. La volpe di Fen-ciau
330. Il drago (in tre paragrafi)
331. In mezzo al fiume
332. La magía della prestidigitazione (in due paragrafi)
333. Un tale
334. Le tre cose soprannaturali di Ci'u-ciau
335. Il distruttore del palazzo
336. Il grosso scorpione
337. I diavoli neri
338. Il carrettiere
339. Lo spirito del «wei-c'i»
340. La testa che rotola
341. La ricompensa (in due paragrafi)
342. La carne del drago
343. Gli imbroglioni
344. Il licenziato nell'arte militare
345. Il Giudice infernale
346. Il mercante di tela
347. L'agricoltore
348. La fanciulla di Ci'ang-cih
349. Il marito di creta
350. La ragazza Li
351. Il figliolo di Liú
352. L'eccelsa fata

404. Il signor Li
405. Ciang, l'accademio dei Han-lin
406. Un villano del mio distretto
407. Yü, il governatore generale
408. Wang Tze-An
409. I pastorelli
410. Un tale di Nanchino
411. Inchieste giudiziarie (in due paragrafi)
412. L'uccello generoso
413. L'anitra selvatica
414. L'elefante
415. Il bonzo «Fiore violetto»
416. Storia di un ladro
417. La brutta volpe
418. La strega che indovina per mezzo dei denari
419. Yao An
420. Il vecchio Ts'ai-Wei
421. Una poesia che risolve un caso giudiziario
422. Mao Ta-Fu
423. Il Dio della Grandine
424. Li dalle otto giare
425. I battellieri di lao-lung
426. Il signor Yüan-Sciao
427. Il signor Ciú
428. Liú Ci'üan
429. Han Fang
430. Il magistrato di T'ai-yüan
431. Il giudice di Hsin-ceng
432. Il signor Fang del Cekiang orientale
433. La ragazza di Puo-hsing
434. L'unico tra i mandarini
435. La Dea dei fiori

Die goldene Truhe. Chinesische Novellen aus zwei Jahrtausenden. Übertragen von Wolfgang Bauer und Herbert Franke. (3.Aufl.)
München: Carl Hanser (1964). 443 S.
Die kluge Nachbarin [Heng niang]. 393-397
Das Purpurtuch [Ko chin]. 399-407

A treasure of Chinese literature. Translated and edited by Ch'u Chai and Winberg Chai. New York: Appleton-Century 1965.
The cricket. 163-167
The rakshas and the sea market. 168-178
Ying-ning. 178-189

P'u Sung-ling: *Liao-chai chih-i. Chinesische Geschichten aus dem 17.Jahrhundert.* Ausgewählt und aus dem Chinesischen übertragen von Kai Yeh. Mit einem Vorwort von Werner Eichhorn.
Stuttgart: Reclam (1965). 103 S.

(Unesco-Sammlung repräsentativer Werke. Asiatische Reihe.)
Fräulein Chiao-no. S.9-22
Wang Ch'eng und die Kampfwachtel. S.22-32
Die bemalte Haut. S.33-39
Hsia Nü. S.39-48
Der König. S.48-52
Shih ch'ing-hsü. S.52-59
Das Taubenmirakel. S.59-63
Prinzessin Yün-lo. S.63-80
Examen in der Hauptstadt. S.81-94
Der Zauberer. S.94-97
Der Schlangenbeschwörer. S.97-101

Die Kampfgrille.
Der Turm der fegenden Wolken. Altchinesische Novellen. Aus dem Chinesischen
übertragen von Franz Kuhn.
München: Wilhelm Goldmann (1965),59-73
(Goldmanns Gelbe Taschenbücher.1565/66.)
[und weitere Auflagen; Erstausgabe München: Bavaria 1947?]

*Radian, Toni
Duhul crizantemei. Traducere ... Toni Radian.
Bucureşti: Editura pentru literatură universală1966. 183 S.
[«Gelbe Chrysanthemen».]

*Hsia, Linda; Roger Yeu
Strange stories from a Chinese studio. / Linda Hsia and Roger Yeu. (2nd ed.)
New Haven: Yale University, Far Eastern Publications 1968. XVII,103 S.
(Mirror series. B 12.)
1. Ausg. 1966. 151 S.

Contes extraordinaires du Pavillon du Loisir. Par P'ou Song-ling. Traduit du chinois
sous la direction d'Yves Hervouet. Introduction d'Yves Hervouet.
(Paris:) Gallimard / Unesco (1969). 216 S.
(Collection Unesco d'œuvres représentatives.Série chinoise.)
Wang Tch'eng. S.19-26 (Guillermaz)
Ts'ing-fong. S.27-34 (O. Kaltenmark)
Ta-nan. S.35-42 (Guillermaz)
Chan-hou. S.43-51 (Guillermaz)
Sin che-sseu niang (La quatorzième demoiselle Sin). S.52-64 (Guillermaz)
Pai-lien kiao (Le taoiste de la Secte du Lotus Blanc). S.65-67 (Guillermaz)
Siao-eul. S.68-74 (Guillermaz)
Keng Niang. S.75-81 (Guillermaz)
Kong Mong-pi. S.82-90 (O. Kaltenmark)
Kiang-tch'eng. S.91-103 (Tchang Fou-jouei)
Chao niu (Dame Chao). S.104-115 (Tchang Fou-jouei)
Mei niu (La demoiselle Mei). S.116-123 (Tchang Fou-jouei)

Pu Sun-lin: *Liśi čary. Rasskazy Ljao Čžaja o čudesach* [P'u Sung-ling: Fuchszauber. Erzählungen aus dem Liao-chai über Wunderbares.] V perevodach s kitajskogo akademika V. M. Alekseeva. Illjustracii kitajskich chudožnikov.
Moskva: Chudož. literatura 1970. 382 S.
Wiederabdruck von 61 früher veröffentlichten Novellen.

1: 281876

Anthology of Chinese literature. Vol.2.: From the 14th century to the present day.
Edited and with an introduction by Cyril Birch.
New York: Grove Pr. [1972]. XXXI,476 S.

The rakshas and the sea market. 160-170
Ying-ning. 170-180
Translated by Ch'u Chai and Winberg Chai.

Die Chrysanthemengenien.
Der Ruf der Phönixflöte. Klassische chinesische Prosa. Herausgegeben und aus dem
Chinesischen übertragen von Ernst Schwarz.
Berlin: Rütten & Loening (1973),619-632

Pu Sunlin: *Rasskazy Ljao Čžaja o čudesach.* V perevodach s kitajskogo akademika V.
M. Alekseeva. Illjustracii kitajskich chudožnikov.
Moskva: Chudožestvennaja literatura 1973. 582 S.
Sostavlenie, podgotovka teksta i vstupitel'naja stat'ja L. Z. Ėjdlina.
Inhalt

Šantaž (2. Erzählung) 468
Fonaŕ-pes 471
Zerkalom slušaet 473
Carevna Zaoblačnych Pljuščej 475
Deva-rycaŕ 490
Čelovek 498
Gubernator Juj Čèn-lun (1.Erzählung) 499
Gubernator Juj Čèn-lun (2. Erzählung) 501
Kak on rešil delo 503
Sińčžènskoe delo 506

Chinesische Gespenstergeschichten, herausgegeben und übersetzt von Adrian Baar.
(Frankfurt:) Fischer Taschenbuch Verlag (1975). 126 S.
(Fischer Taschenbuch. 1653)

Der Jadeschnitzer. 9-19
Die gelehrigen Gespenster. 20-28
Die Rache der Füchse. 29-45
Der Sohn des Händlers. 46-50
Heng-niangs guter Rat. 51-55
Die Blumengeister. 56-62
Ying-ning, das lachende Mädchen. 63-70
Der erfolgreiche Liebhaber. 71-79
In der Unterwelt. 80-83
Richter Lu. 84-89
Die bemalte Haut. 90-94
Der Lohn der guten Tat. 95
Teuflischer Spuk. 96-98
Der Pfirsichdiebstahl. 99-101
Das Gespenst im Gasthaus. 102-103
Der ermordete Mönch. 104
Seelenwanderung. 105-106
Die Kampfgrille. 107-111
Lotterie der Ehe. 112-114
Der rücksichtsvolle Ehemann. 115-116
Der standhafte Angestellte. 117-125
Die Tonfigur. 126-[127]

Erotische Geschichten aus China, Mit sechs Brautbildern. Herausgegeben und
übersetzt von Adrian Baar.
(Frankfurt a.M.:) Fischer Taschenbuch Verlag (1978). 157 S.
(Fischer Taschenbuch. 2416)

Huan der Neunte, der Schöne. 27-36
Die Reize des Bo Yui-yua. 37-44
Die bemalte Wand. 45-48
Wie ein taoistischer Mönch seine Gäste bewirtete. 49-52

Idema, Wilt L.
Pu Songling: *De beschilderde huid. Spookverhalen.* Vertaals uit het Chinees en ingeleid door W. L. Idema, B. J. Mansvelt Beck, N. H. van Straten.
Amsterdam: Meulenhoff (1978). 253 S., illustriert
(De oosterse bibliotheek.9.)

Traditional Chinese stories. Themes and variations. Edited by Y. W. Ma and Joseph S. M. Lau.
New York: Columbia Univ. Press 1978. XXVI,603 S.

Was ist ein Glücksfall? Altchinesische Anekdoten und Gleichnisse. (Aus dem Chinesischen übersetzt und herausgegeben von Konrad Herrmann.)
Leipzig, Weimar: Gustav Kiepenheuer 1978. 237 S.

Wang Zi-an. 153-154
Die Fuchsfee von Fenzhou. 154-155
Die Kuh fliegt. 156
Der Gesang der Frösche. 156
Das Rattentheater. 157
Freunde des Weins. 157-161
Das Zauberstück des Buddhamönchs. 161-163
Die Hundslaterne. 163-164
Der Kriminalfall von Xinzheng. 165-166
Der Richter Shao aus Linzi. 166-167
Eine Hexerei. 167-170
Der Hagelgott. 170-172
Der Student von Zhedong. 172-173
Übersetzung nach einer Ausgabe Shanghai 1909.

Die Kampfgrille.
Chinesische Novellen. Übertragen von Franz Kuhn. Herausgegeben von Věnceslava Hrdličková.
(Leipzig:) Insel-Verlag 1979,721-735

Chinese fairy tales and fantasies. Translated and edited by Moss Roberts. With the assistance of C. N. Tay.
New York: Pantheon (1979). 258 S.
(The Pantheon fairy tale and folklore library.)
The cricket (Ts'u-chih). 3-8
Sea prince (Hai-kung-tzu). 15-16
A girl in green (Lü-i nü). 17-18
The priest of Hardwork Mountains (Lao-shan tao-shih). 39-41
White lotus magic (Pai-lien-chiao). 41-44
The peach thief (T'ou t'ao). 45-48
The magic pear tree (Chung-li). 51-52
The flying bull (Niu fei). 69
A small favor (Ting ch'ien-hsi). 74-76
Medical techniques (I-shu). 79-81
A faithful mouse (I-shu). 91
The loyal dog (I-ch'üan). 92-93
The repentant tiger of Chao-ch'eng (Chao-ch'eng hu). 100-101
The snakeman (She-jen). 107-110
The scholar's concubine (Kung-sun hsia). 157-161
Three former lives (San-sheng). 162-164
The monk from Everclear (Ch'ang-ch'ing seng). 165-167
The monk's sins (Seng-nieh). 168-169
Drinking companions (Wang Liu-lang). 178-182
Underworld justice (Hsi Fang-p'ing). 188-194
Sharp sword (K'uai tao). 195

P. M. Ustin: *Pu Sunlin i ego novelly.*
(Moskva:) Izdatel'stvo MGU 1981. 261 S.

Feja iz gornoj obiteli
Dobrodetel'naja besovka Asja
Ogovoril sebja
Prividenija
Igrok Žeń Sju
Vkladyka gory
Maleńkij parik
Akrobatika Večernjaja Zarja
Torgovec iz Čžučena
Žena iz zagrobnogo mira
Pjat' zlych duchov
Vozčik
Beskorystnaja vdova
Monachi s Zapada
Starec Čžu
Šutja, povesilsja
Myši-oborotni
Sverčki
Sovet iz mira duchov
Osennjaja Luna
Doč' gospodina Lu
Devica Cho
Ljubjaščaja besovka Čžan Aduań
Doč' kabargi
Bogatyŕ

Pu Songling: *Selected tales of Liaozhai.*
(Beijing: Chinese Literature 1981.) 154 S.
(Panda Books.)
1: 1 A 232813
Inhalt

Pu Sung-ling: *Fräulein Lotosblume. Chinesische Liebesgeschichten.* Aus dem Chinesischen übertragen von Gottfried Rösel.
(Frankfurt a.M.:) Fischer Taschenbuch Verlag (1982). 155 S.
(Fischer-Taschenbuch.8042.)
Die Abbildungen sind der ersten bebilderten Ausgabe von 1886 entnommen.
Das Gespensterhaus. S.11-19
Das lachende Mädchen. S.20-34
Der Tor und die Unsterbliche. S.35-49
Fräulein Lotosblume. S.50-57
Die Blumennymphen. S.58-67
Die Blätterfee. S.68-74
Die Krähen. S.75-81
Das Wasserfräulein vom Dung-Ting-See. S.82-88
Die Prinzessin vom Westsee. S.89-100
Die Tochter des Froschgotts. S.101-108
Der Büchernarr. S.109-116
Die Tochter des Drachenkönigs. S.117-132
Das Armband der Himmlischen. S.133-144
Der Perlenschmuck. S.145-[156]

Pu Sung-ling: *Das Wandbild. Chinesische Liebesgeschichten aus dieser und der anderen Welt.* Aus dem Chinesischen übertragen von Gottfried Rösel.
(Frankfurt a.M.:) Fischer Taschenbuch Verlag (1982). 186 S.
(Fischer Taschenbuch.8006.)
Die Abbildungen sind der ersten bebilderten Ausgabe von 1886 entnommen.
Das Wandbild. S.11-15
Die Liebe erweckt eine Tote. S.16-26
Zwischen Traum und Tag. S.27-32
Liebe zu dritt. S.33-41
Irrungen und Wirrungen. S.42-55
Im Tode vereint. S.56-64
Die Heirat der Kurtisane. S.65-70
Der Jungbrunnen. S.71-79
Der Eidbrüchige. S.80-85
Zwischen Füchsin und Gespenst. S.86-102
Verführung aus der Unterwelt. S.103-113
Wie man seinen Ehemann zurückgewinnt. S.114-120
Die Rache der Gattin. S.121-129
Der rechtschaffene Tor. S.130-137
Die Schlangentochter. S.138-139
Der eifersüchtige Hund. S.140
Geschmacksache. S.141
Eine anregende Pille. S.143-145
Verführungskünste. S.146-150
Ein Fuchs als Lustknabe. S.151-160
Der Lederbeutel. S.161-172
Die Zauberin. S.173-181
Unbewußt Familienvater. S.182-[187]

H. C. Chang: *Tales of the supernatural.*
(Edinburgh:) Edinburgh University Press (1983). 169 S.
(Chang: Chinese literature. 3)

Pu Sunlin: *Rasskazy Ljao Čžaja o neobyčajnom.* V perevodach s kitajskogo V. M. Alekseeva.
Moskva: Chudožestvennaja literatura 1983. 429 S.
Sostavlenie i vstupitel'naja stat'ja L. Z. Ejdlina.

1: 683361
Inhalt:
Liśy čary

Monachi-volšebniki

Das Fischmädchen. Illustrationen und Text von Mao Shuixian.
Beijing: Verlag für fremdsprachige Literatur (1984). 34 S., farb. ill.
Redaktion der deutschsprachigen Ausgabe: Zhang Zhenhua, Li Xiuzhen.
Originalt.: Pai Ch'iu-lien.
«Im Verlag für fremdsprachige Literatur sind folgende nach dieser Sammlung [Seltsame Geschichten von Liaozhai] bearbeitete Bilderbücher erschienen:
1. Das Fischmädchen
2. Das Mädchen A Bao
3. Der Mönch vom Berge Laoshan
4. Die Insel der Unsterblichen
5. Hongyu»

A lovely girl. Adapted by Ming Yang. Illustrated by Zhang Zengmu.
Beijing: Foreign Languages Press (1984). 54 S.
Originalt.: A-pao.

Gast Tiger / P'u Sungling. Mit einem Vorwort von Jorge Luis Borges.
Stuttgart: Edition Weitbrecht 1984. 97 S.
(Die Bibliothek von Babel.21.)
Die Prüfung zum Schutzengel [Examination for the post of guardian angel]. S.13-16
Der buddhistische Priester von Ch'ang-ch'ing [The Buddhist priest of Ch'ang-ch'ing]. S.17-20
In der Unterwelt [In the infernal region]. S.21-28
Der unsichtbare Priester [The invisible priest]. S.29-31
Der Zauberpfad [The magic path]. S.32-34
Der Mann, der in einen Brunnen geworfen wurde [The man who was thrown down a well]. S.35-42

Der Strom des Geldes [The stream of cash]. S.43
Eine übernatürliche Frau [A supernatural wife]. S.44-47
Gast Tiger [The tiger guest]. S.48-53
Der Tiger von Chao-Ch'eng [The tiger of Chao-ch'eng]. S.54-57
Der Wolfstraum [The wolf dream]. S.58-64
Rache [Taking revenge]. S.65-67
Die bemalte Haut [The painted skin]. S.68-75
Höllenrichter Lu. S.76-89
Außerdem enthält der Band zwei Auszüge aus dem *Traum der roten Kammer*:
Pao Yüs Traum und Der Wind-und-Mond-Spiegel.
Bis auf Höllenrichter Lu sind die Liao-chai-Geschichten der Übersetzung von H. A. Giles entnommen
(Deutsch von Angelika Hildebrandt-Essig).

Die Kampfgrille.
Chinesische Novellen. Übertragen von Franz Kuhn. Herausgegeben von Věnceslava
Hrdličková.
(Frankfurt a.M.:) Insel-Verlag (1985),448-464
(Insel-Taschenbuch. 848)

Pu Sung-ling: *Umgang mit Chrysanthemen.* 81 Erzählungen der ersten vier Bücher
aus der Sammlung Liao-dschai-dschi-yi. Deutsch von Gottfried Rösel.
Zürich: Die Waage (1987). 619 S.
Die Holzschnitte zu den Erzählungen stammen aus einer chinesischen Werkausgabe
von 1886.

1. Buch
   1. Prüfung zum Stadtgott (K'ao ch'eng-huang). 35-38
   2. Die Gespräche der Pupillenmännlein (T'ung-jen yü). 39-43
   3. Das Wandbild (Hua pi). 43-47
   4. Einen Birnbaum säen (Chung li). 47-50
   5. Der Lehrling des Daupriesters (Lao-shan tao-shih). 50-54
   6. Der Mönch von Tschang-tjing (Ch'ang-ch'ing seng). 54-58
   7. Die Fuchshochzeit (Hu chia nü). 59-64
   8. Freundschaft mit Füchsen (Chiao-no). 65-76
   9. Teuflische Hexerei (Yao-shu). 76-80
   10. Pech in Prüfungen (Yeh sheng). 81-86
   11. Wege zum Dauismus (Ch'eng hsien). 86-97
   12. Wachtelkämpfe als Rettung (Wang Ch'eng). 97-107
   13. Das Gespensterhaus (Ch'ing-feng). 108-117
   14. Die bemalte Haut (Hua p'i). 117-124
   15. Ein Knabe gegen einen Fuchs (Ku erh). 124-131
   16. Die Fuchskrankheit (Tung sheng). 132-137
   17. Der Richter Lu (Lu p'an). 138-148

2. Buch
   1. Das lachende Mädchen (Ying-ning). 149-164
   2. Der Lederbeutel (Nieh Hsiao-ch'ien). 165-177
   3. Die Schui-mang-Pflanze (Shui-man ts'ao). 177-183
   4. Zwischen Traum und Tag (Feng-yang shih-jen). 184-189
   5. Hilfe aus der Unterwelt (Chu erh). 189-199

Pu Sung-ling: *Zwei Leben im Traum.* 67 Erzählungen der Bände fünf bis acht aus der Sammlung Liao-dschai-dschi-yi. Deutsch von Gottfried Rösel. Zürich: Die Waage (1989). 576 S.

Pu Sung-ling: *Besuch bei den Seligen*. 86 Erzählungen der Bände neun bis zwölf aus der Sammlung Liao-dschai-dschi-yi. Deutsch von Gottfried Rösel.
Zürich: Die Waage (1991). 600 S.

Pu Sung-ling: *Schmetterlinge fliegen lassen.* 158 Erzählungen der Bände dreizehn bis fünfzehn aus der Sammlung Liao-dschai-dschi-yi. Deutsch von Gottfried Rösel. Zürich: Die Waage (1992). 543 S.

Pu Sung-ling: *Kontakte mit Lebenden.* 109 Erzählungen der letzten beiden Bücher sechzehn und siebzehn aus der Sammlung Liao-dschai-dschi-yi. Mit dem ausführlichen Überblick über die Sachthemen des Gesamtwerks. Deutsch von Gottfried Rösel.
Zürich: Die Waage (1992). 304 S.

16. Buch

Liao-chai chih-i hsüan. Strange tales of Liaozhai. Written by Pu Songling. Translated by Lu Yunzhong, Chen Tifang, Yang Liyi, Yang Zhihong. (4th pr.)
(Hong Kong:) Commercial Press (1995). VII,4, 507 S.
1.Ausg. 1982
Revised and enlarged edition January 1988.
Inhalt:
Voice within the pupils (T'ung-jen yü)
A wall-painting (hua-pi)
Wang Liulang
Theft of peach (yü-t'ao)
Planting a pear tree (chung-li)
The Taoist priest on Laoshan Mountain (Lao-shan tao-shih)
The monk of Changqing (Ch'ang-ch'ing seng)
A fox-spirit marries off a daughter (hu chia nü)
Jiaona (Chiao-na)
Black art (yao-shu)
Ye, the luckless scholar (Ye sheng)
Cheng the immortal (Ch'eng hsien)
Wang Cheng
Qingfeng
The painted skin (hua-p'i)

The trademan's son (chia-erh)
Judge Lu (Lu p'an)
Yingning
Nie Xiaoqian
Master Hai (Hai kung-tzu)
Shui Mang weed (Shui-mang ts'ao)
Miss Hu, fourth daughter of the family (Hu szu-tsu)
The gallant girl (hsia-nü)
Lianxiang
A-bao
Zhang Cheng
Hongyu
Magistrate Lu's daughter (Lu kung nü)
A Taoist priest (tao-shih)
The Hu family (Hu shih)
The land of savages (yeh-ch'a kuo)
Wang Shixiu
Gengniang
Gong Mengbi
The sssistant thunder God (lei ts'ao)
The gambler's talisman (tu-fu)
Axia
The Rakshas sea-market (Lo-sha hai-shih)
The ninth daughter of the Gongsun family (Kung-sun chiu niang)
The cricket (ts'u-chih)
A substitute bride (Chieh-mei i chia)
Another evanescent dream (hsü Huang Liang)
The go devil (ch'i kuei)
Xin's fourteenth daughter (Hsin shih-szu niang)
Lotus flowers in winter (tung-yüeh fu-chü)
The tiger of the city of Zhou (Chao-ch'eng hu)
The princess of the West Lake (Hsi-hu chu)
The Princess Lily (Lien-hua kung-chu)
Dou's daughter (Tou shih)
Xiao Xie
Water chestnut (ling-chüeh)
Xiang Gao
The mad priest (tien tao-jen)
A monk's magic art (seng shu)
A feast of Yama Raja (Yen-lo yen)
A painted horse (hua-ma)
Old Mr. Bai dreamed of wolves (meng-lang)
Zhu the disembodied spirit (Chu sheng)
Tong the swordsamn (Tung k'o)
Xiao Mei
Princess Yunluo (Yün-lo kung-chu)
Jiao's daughter (Chiao nü)
Zhen the alchemist (Chen sheng)
The cloth merchant (pu-shang)
Three lives (san sheng)
Xi Fangping
Rouge (Yen-chih)
A-qian
Master Longfei (Lung-fei hsiang-kung)
A scholar named Shen (Shen shih)

Bookworm (shu-ch'ih)
Ren Xiu
The king (wang-che)
Chen Yunqi
Zhicheng
Zhuqing
Xiangyu
Da Nan
Shi Qingxu
The two tigers (erh pan)
Miao the tigerman (Miao sheng)
Tian Zicheng
Wang Gui-an
Jisheng and his two brides (Chi sheng)

Liu Qingfeng: *Die bemalte Haut.* Schattenspiel. Nebst der Vorlage von Pu Songling.
Aus dem Chinesischen von Rainald Simon.
Frankfurt a.M.: Qilin Verlag 1989. 71 S.
1: 1 A 107996

Sad plenennych serdec. Klassičeskaja ljubovnaja proza Vostoka.
Moskva: Izd. Prava 1989. 605 S.
Voskresenie Ljanso. 449-455
Rozovaja babočka. 456-461
Vernaja ljubov́. 461-464
Deva so steny. 464-471
Perevod s kitajskogo P. Ustina.

Strange tales from Make-Do Studio. / Pu Songling. Translated by Denis C. Mair.
Beijing: Foreign Languages Press 1989. XIII,446 S.
(Phoenix books.)
1: 3/44 MA 8671

La volpe amorosa. Novelle cinesi. A cura di Anna Bujatti.
Palermo: Sellerio (1989). 96 S.
(Il divano.2.)
Sorelle. S.75-87
darin auch: Shen Ch'i-chi: Madamigella Ren (T'ang Sung ch'uan-ch'i hsüan)
Yüan Mei: La notte d'estate (Tzu-pu-yü)
Ling Meng-ch'u: Il dono delle erbe magiche (Erh-k'o P'ai-an ching-ch'i)

Chinese tales. Zhuangzi: Sayings and parables and Chinese ghost and love stories. /
Martin Buber. Translated by Alex Page; with an introduction by Irene Eber.
New Jersey, London: Humanities Press International (1991). XXIII,210 S.
The mural. 114-116
The judge. 117-122
The laughing girl. 123-132
The vixen. 133-142

Chen's seltsame Reiseerlebnisse.
Imaginäre Reisen. Herausgegeben von Joseph Peter Strelka. Frankfurt, Leipzig: Insel Verlag 1992,10-19 (Insel Taschenbuch.1306.)
[Die Prinzessin vom Westsee. VIII,5,II.]

Le studio des loisirs, par Pou Song-ling. Textes recueillis et présentés par Claude Roy. Traduction d'Hélène Chatelain.
Paris: Éditions 10/18 (1993.) 316 S.
(Éditions Sand. Domaine étranger.)
(10/18. Nr 2434.)
Ursprünglich: Paris: Tchou 1969. 285 S.
Inhalt:
Aventure du lettré qui pénètre dans une fresque, y épouse une immortelle et ressort du tableau ayant tout oublié
La leçon que donna à Wang le prêtre taoïste de Lao-shan
Étrange amitié de Chou et de Ch'êng, et merveilles qui s'ensuivirent
Comment Yin déroba un gobelet au mariage de la fille du Renard
L'heureux mariage d'un jeune homme avec une demoiselle renarde
Conte de la demoiselle renarde qui riait tout le temps et devint l'épouse de l'heureux Wang
Le mariage de Ning avec une douce revenante et les bénédictions qui en découlèrent
Tendre amitié de Chang avec deux demoiselles renardes fort belles
Du grand amour que Drôle-de-Soleil conçut pour A-pao et de ce qui s'ensuivit
Longes relations de Chang avec deux jeunes filles dont l'une est une renarde et l'autre un esprit
Comment Lin épousa une suivante de la reine des Eaux
Métamorphose de Yü en corbeau, ses noces avec une demoiselle corbeau, suivies de la métamorphose de celle-ci en femme, et double vie de Yü entre sa première épouse et la seconde
Histoire des amours de Huang avec une fille-fleur camélia et de sa tendre amitié pour la sœur de celle-ci, une demoiselle pivoine
L'épouse accusée d'être une créature surnaturelle, sa séparation de son mari, leurs retrouvailles, et le bonheur entre eux restauré
Histoire du navigateur chinois qui épousa dans une île lointaine une créature sauvage, des enfants qu'il eut d'elle, de leur séparation puis de leur réunion
Comment les yeux de Fang furent habités par des créatures étranges
Le prêtre qui fit surgir un poirier
Comment Yu le courageux déjoua les maléfices d'un démon rencontré sous les apparences d'un devin
Où l'on voit le fils d'une âme ensorcelée venir à bout de trois hommes renards

Une jeune fille magicienne delivre Kou d'un renard déguisé en ami
Comment, pour pouvoir s'enivrer avec lui, un renard astucieux fit la fortune de Ch'e
Aventure du lettré qui but et écrivit ses essais en compagnie de lettrés qui étaient des génies
Comment un tigre, ayant mangé le fils d'une pauvre vieille, devint son unique soutien et son ami fidèle
Comment la grand-mère renarde de Wang le paresseux rétablit la fortune de celui-ci
Histoire de la pierre magique qui prédit le temps
Histoire du lettré qui se mua en esprit tutélaire
La seconde vie du vieux moine de Chang Ching
Histoire d'un homme qu'une fille renarde fait mourir et que l'amour de sa femme fait revivre
Comment l'amitié d'un juge des Immortels donna à Chou l'intelligence de son vivant, à sa femme la beauté et, quand il fut mort, le pouvoir de revenir chez les siens
Aventures de Chou mort d'avoir mangé du shui mang, et qui s'était remarié de l'autre côté de la vie
Comment le fils de Li, étant mort par maléfice, fut remplacé par un enfant doué de pouvoirs merveilleux
Comment, étant mort, Chou vint rechercher sa femme et l'emmena avec lui dans l'au-delà
Histoire d'un père qui revient après sa mort pour faire la fortune de son fils

Contes merveilleux chinois. Choix de contes chinois des dynasties Sung, Tang et Ching. Traduits du chinois par Hsiu Lien-tuan et Simone Greslebin.
(Genève: Slatkine 1994.) 155 S.
(Fleuron.4.)
Les nymphes-fleurs. S.7-16
Mademoiselle Ying-ning ou la fille rieuse. S.17-33
Le frère perdu. S.35-44
Le pêcheur et son ami. S.45-50
Combat de criquets. S.51-57
Le rêve du lettré Tseng. S.59-66

Navaždenie na navaždeniem / Pu Sunlin. (Per. s kitajskogo akademika V. M. Alekse-eva.)
Moskva: Pedagogika Press 1994. 237 S.
1: 3 A 61793
Inhalt:
Čarodejka Ljań-sjan
Lisij son
Lis-nevidimka, Chu Četvertyj
Plotnik Fèn
Para fonarej
Daos ugoščaet
Volšebnik Gun
Koldovstvo chèšana
Baj Cju-ljań ljubila stichi
Student Čžun i osel
Chuań-njan u ljutni
Ukroščenie Cuj Mèna
Besovka Sjao-se
Nevesta-monachinja Čèń Juń-ci
Prokazy Sjao-cuj

Carica Čžeń
Podvigi Siń Četyrnadcatoj
Uslužlivyj Lu Ja-guań
Ukrotitel' Ma Cze-fu
Fonaŕ-pes
Carevna Zaoblačnych Pljuščej

Columbia anthology of traditional Chinese literature. Victor H. Mair, editor.
New York: Columbia University Press 1994. (XXXVII,1335 S.),786-804
Translated by Denis C. Mair and Victor H. Mair:
The mural. 786-788
The Taoist of Lao Mountain. 788-791
The cricket. 791-796
Rouge. 796-804

Pu Songling: *Chroniques de l'étrange.* Traduit du chinois et présenté par André Lévy.
(Arles:) Picquier (1996). 444 S.
Übersetzung der ersten beiden Kapitel nach der kritischen Ausgabe. Hinweise in
Klammern auf die Ausgabe 1766 und die zahlreichen Folgeausgaben.
1.   Examen au poste de génie tutélaire [I.1]
2.   Homoncule dans l'oreille [XV.402]
3.   Le cadavre animé [XIII.249]
4.   Aspersion fatale [XIII.250]
5.   Quand les pupilles parlent [I.2]
6.   La fresque [I.3]
7.   Incursion d'un griffon des montagnes [XIII.251]
8.   Lamie mordue [XV.403]
9.   Renard attrapé [XV.404]
10. Le monstre des blés noirs [XIII.252]
11. Sortilèges d'une maison hantée [XV.411]
12. Wang, l'ami d'un humble pêcheur [XIII.252]
13. Pour le vol d'une pêche [XIII.243]
14. Le poirier magique [I.4]
15. L'ermite des monts du labeur [I.5]
16. Le moine de Longue-Pureté [I.6]
17. Le charmeur de serpents [XIII.254]
18. Le python blessé [XV.405]
19. Le chien adultère
20. Dieu de la grêle [XIII.255]
21. Renard marie sa fille [I.7]
22. Grâce [I.8]
23. La rétribution du moine félon [XIII.256]
24. Sorcelleries [I.9]
25. Monstre cynocéphale [XV.406]
26. Les trois vies de Liu [XIII.257]
27. Mis en bouteille [XV.407]
28. Sanglots de spectre [XIII.259]
29. Mère à huit ans [XV.409]
30. L'exorciste [XV.410]

31. Poisse au concours [I.10]
32. Quarante ligatures [XIII.260]
33. Intervertis [I.11]
34. Détournement de nouveau marié [VIII.148]
35. La prophétie du renard crotté [XV.412]
36. Immortel et fantôme [XIII.245]
37. Aigle et tigre, divinités vigilantes [XIV.334]
38. Combats de cailles [I.12]
39. Phénichette [I.13]
40. Peau maquillée [I.14]
41. Fils de marchand [I.15]
42. Boulimique de serpents
43. Le moine coprophage
44. Séductions vulpines [I.16]
45. Croqeur de pierres [XIV.335]
46. Démone du temple local [XIV.336]
47. Le juge Lu [I.17]
48. La rieuse [II.18]
49. Petite grâce [I.19]
50. Noble souris [XIII.248]
51. Tremblement de terre [XIV.338]
52. Le jeune seigneur de la mer [XIII.246]
53. Hospitalité [XIII.247]
54. Gros poissons de mer
55. Tortue géante [XIV.339]
56. La badiane [I.20]
57. Faiseur de bétail [XIV.340]
58. Triple rêve [II.21]
59. Veuf manqué [XIII.258]
60. Enfants d'outre-tome [II.22]
61. Officiers lilliputiens [II.23]
62. La Quatrième Demoiselle Goupil [II.24]
63. Mourir ensemble [II.25]
64. La vengeance de l'alligator
65. Poils de bouc [XIII.263]
66. Magnifique coup de sabre [XIV.341]
67. Vengeresse [I.26]
68. Amitié de bons buveurs [II.27]
69. Fragrance de Lotus [II.28]
70. Le perroquet amoureux [II.29]
71. Prince de Neuf Montagnes [XIII.261]
72. Vengeance du survivant
73. Trois frères [II.31]
74. La renarde de Fenzhou XIV.342]
75. La futée [II.32]
76. La ville aux deux génies tutélaires
77. Imitations vocales [XIII.244]
78. Sentence de renardes [VI.121]
79. Renard des eaux de la Wei [XIII.262]
80. Jade Rouge [III.40]
81. Dragons [XIV.343]

82.   Poème de revenante [III.41]

O. J.
Strange stories from a Chinese studio. (Tr. by Shih-t'ang Lü 呂世棠.)
(Hong Kong:) English Language Publishing Co. o.J. [196-]. 112 S.
Text chinesisch und englisch.

Some more stories from the Liao Chai Chih I. Translated by James N. Y. Pai.
Shanghai: Chung Hwa Book Co. o.J. 65 S.
(Students' English Library.18.)
Text chin. und englisch.

Sekundärliteratur

B. Paškov: Ljao-džaj dži i (opyt kritiko-bibliografičeskogo obozrenija).
*Sbornik trudov professorov i prepodavatelej Gosudarstvennogo Irkutskogo Univer-
siteta.* Otdel 1. Nauki gumanitarnye. Vyp. 2.
Irkutsk 1921. 24 S., 5 S. chin. Text.
Biogr. Skizze P'u Sung-lings.
Diskussion des Titels *Liao-chai chih-i*.
Analyse des Werkes und Kontext der phantast. Erzählungen (*T'ai-p'ing kuang-chi, Sou-shen-chi* usw.)
Inhaltsübersicht des *Liao-chai chih-i* und Angabe der übers. Erzählungen. Kurze Hinweise auf die Qua-
lität der Übers.
Darin:
Anhang 1: Liao-chai tzu-chih 自誌. 1679.
Autobiogr. Aufzeichnungen. Übers. von Giles im Vorw. zu *Strange stories.*
2.Pa 跋. Nachw. von Li Te 立德
3.Pien-yen 弁言. Vorw. von Chao Ch'i-kao 趙起杲
4.K'o Liao-chai chih-i li-yen 刻聊齋志異例言 / Chao Ch'i-kao
5.Tzu-ch'uan hsien-chih 淄川縣志. Ausg. 1887, 1910

Kwei Chih-ber
*Bibliographical and administrative problems arising from the incorporation of Chinese
books in American libraries.* By Chih-ber Kwei.
Peiping: The Leader Press 1931,79
Übersetzung des Kolophons (1740) von P'u Li-te, einem Enkel P'u Sung-lings's.

Yang Liu 楊柳: Liao-chai chih-i yen-chiu 聊齋志異研究
Nanking: Chiang-su wen-i ch'u-pan-she 1958. 133 S.
1: 34657

Yang Jen-k'ai 楊仁愷: Liao-chai chih-i yüan-kao yen-chiu 聊齋志異原稿研究
Shen-yang: Liao-ning jen-min ch'u-pan-she 1958. 6,225 S.
1: 32977

Prušek, Jaroslav
Liao-chai chï-i by P'u Sung-ling. An inquiry into the circumstances, under which the collection arose.
Studia Serica Bernhard Kalgren dedicata. Copenhagen: Munksgaard (1959), 128-146

*Ladstätter, Otto
P'u Sung-ling. Sein Leben und seine Werke in Umgangssprache.
München 1961. Phil. Diss., Univ. München.

Chang Ching-ch'iao 張景樵
Liao-chai chih-i yüan-kao k'ao-cheng 聊齋志異原稿考證
Taipei: T'ai-wan shang-wu yin-shu-kuan 1968. 7,66,88 S.

Prušek, Jaroslav
Chinese history and literature: Collection of studies.
Dordrecht: Reidel 1970.
Liao-chai chih-i by P'u Sung-ling: An inquiry into the circumstances under which the collection arose. 92-108
P'u Sung-ling and his work. 109-138
Two documents relating to the life of P'u Sung-ling. 84-91

Wang, Li-no 王麗娜
Liao-chai chih-i-ti min-tsu yü-wen pan-pen he wai-wen i-pen
聊齋志異的民族語文版本和外文譯本
Wen-hsüeh chih-i 1.1981,149-158

Hom, Marlon: Liao-chai chih-i
The Indiana companion to traditional Chinese literature.
Bloomington, IN: Indiana Univ. Pr. (1986),563-565
Mit weiterer Literatur.

How to read the Chinese novel. Edited by David L. Rolston.
Princeton: Princeton Univ. Pr. 1990,400-401
Hinweise auf chinesische Sekundärliteratur.

Bauer, Wolfgang
Pu Songling (5.6.1640 Zichuan/Shandong - 5.2.1715 Zichuan): Liaozhai zhiyi.
*Kindlers Neues Literaturlexikon.*13.1991,705-706

Zeitlin, Judith T.
Pu Songling's (1640-1715) Liaozhai zhiyi and the Chinese discourse.
Cambridge, Mass.: Harvard Univ. 1988. 282 S.
Diss.

Zeitlin, Judith T.
Historian of the strange: Pu Songling and the Chinese classical tale.
Stanford 1993. XII,332 S. ISBN 0-8047-2085-1

Zhou Jianming
Tiere in der Literatur: eine komparatistische Untersuchung der Funktion von Tierfiguren bei Franz Kafka und Pu Songling.
Tübingen 1996. XI,280 S.
(Untersuchungen zur deutschen Literaturgeschichte.82.)
ISBN 3-484-32082-6

Nachtrag zur Übersetzungsbibliographie

Soeben erschienen ist:
Pu Sun-lin: *Strannye istorii iz Kabineta neudačnika*. Perevod s kitajskogo akademika V. M. Alekseeva.
Sankt-Peterburg: Peterburgskoe Vostokovedenie 2000. 776 S.
Inhalt:

Die Ausgabe enthält auch die Vorwörter Alekseevs zu den früheren Ausgaben. Die Textfassung ist die von L. Èjdlin, der die Übersetzungen auf Grund der chinesischen Publikation des Manuskripts P'u Sung-lings leicht überarbeitet hatte. Mit den Illustrationen der chinesischen lithographischen Ausgabe.
Der Verlag weist im Vorwort auf Nachübersetzungen der Alekseevschen Fassung ins Weißrussische, Estnische, Ukrainische, Kirgisische und Tadschikische hin; diese sind bislang nicht bibliographisch ermittelt worden, ebenso wie eine bulgarische Version.

Namenregister zur Bibliographie der *Liao-chai chih-i* Übersetzungen

Titelregister zur Bibliographie der Liao-chai chih-i Übersetzungen

Im Falle von Zeitschriften ist der Artikel nachgewiesen. Artikel am Anfang sind in der Sortierung übergangen.

Stanca Scholz-Cionca (Oslo)

Fuchsgestalten im frühen Kyôgen

Es gehört heute noch zum Ablauf einer typischen Schauspielerkarriere im Kyôgen, daß die lange Ausbildungszeit «beim Affen anfängt und mit dem Fuchs endet», wie ein beliebter Spruch lautet. An ihrem Anfang spielt der etwa dreijährige Nachfolger in spe – meist Enkel oder Sohn der Spielerfamilie – in einer festlichen Aufführung das Äffchen im Kyôgen *Utsubozaru* («Ein Affe für den Köcher»). Seine Aufgabe besteht darin, mit niedlichen Purzelbäumen und kindlichen Gesten den kaltherzigen Herren, der nach seinem Pelz trachtet, und gleichsam das Publikum zu Tränen der Rührung zu bewegen: eine symbolische captatio benevolentiae zum Eintritt in die harte Lehrzeit. Symmetrisch dazu steht am Ende des offiziellen Schülerdaseins die «Reifeprüfung», bei der der junge Spieler – in der Regel knapp über zwanzig – in einer fast zweistündigen Aufführung den Fuchs im düsteren Stück *Tsurigitsune* (Fuchsfang) verkörpern muß. Beladen mit der Bürde zahlreicher geheimer Regeln und tradierter Spielgesten, gilt diese Fuchsrolle als schwierigste im ganzen Repertoire.

Daß die heiter-possenhafte Theatergattung Kyôgen, bis heute als Zwischenspiel des Nô aufgeführt, ausgerechnet Tierrollen zu den Eckpfeilern der Ausbildung kürt, bezeugt ihre Verankerung in uralten Traditionen und ihre Verbindung zu sakralen Spielformen. Die Bedeutung der Tierimitation und -Metamorphose im Bühnengeschehen entspricht dem Erwartungshorizont des mittelalterlichen Zuschauers, seinem Lebensgefühl und seinen religiösen Vorstellungen. Nicht allein der Buddhismus mit seiner konsequent durchgehaltenen Lehre vom Rad der Wiedergeburten, von der Instabilität und Inkonsistenz der phänomenalen Welt, sondern auch die verschiedensten Schichten autochthonen Volksglaubens betonen das Ineinandergreifen der Seinsbereiche: göttliche Wesen, Tiere, Menschen und Dämonen konstituieren in diesem Weltbild keine diskreten Einheiten. Die Erkenntnis, daß «nichts ist, was es scheint» auf der Bühne greifbar zu machen gilt als ureigene raison d'être einer Theaterform, die dem Durchbruch des Transzendenten im Immanenten eine zentrale Rolle zugesteht.

So ist die Omnipräsenz der Wandlung – vom Menschen zum Geisterwesen oder zu Tieren (beflügelter Bergkobold, Pferd, Fuchs, Eule, Dachs, Vogel), zu Dämonen, oder vom Gespenst (Riesenkrabbe, Fabelspinne, Schnecke) zum Menschen – im Horizont des Kyôgen derart selbstverständlich, daß auch die plötzliche Verwandlung eines Schwertes in einen Bambusstock – eine dicke Dienerlüge – dem verdutzten Herrn durchaus plausibel erscheinen muß. Ein Bergasket kann ohne weiteres zum *tengu*-Kobold oder zum Milan mutieren, von einer Eule besessen oder von einer Riesenkrabbe in die Flucht geschlagen werden, so wie andererseits Diener und Herr ihre Mühe im Ringkampf mit einer Riesenmücke haben. Zwischen der tierischen Welt und jener von Dämonen, Gespenstern und Geistern sind die Grenzen fließend – und ihre Überschreitung geradezu vorgegeben: sie gebiert den actus scenicus per se, dem das Interesse des Zuschauers gesichert ist.

Nun ist im reichen Bestiarium der japanischen Folklore – wie übrigens auch der chinesischen – der Fuchs eine schillernde Gestalt, ein wandelbares Wesen par excellence, gespeist von einer verwirrenden Vielfalt heterogener Legenden und Sagen kontinentaler und einheimischer Herkunft.[1] Er reicht als *henge* (metamorphosiertes Wesen) oder *bakemono* (Gespenst) gleichsam in den göttlichen wie in den dämonischen Bereich hinein, wobei er unter jeweils angepaßter Menschengestalt lange unerkannt bleibt. Der Fuchs spukt auf verlassenen Feldern oder begibt sich kurzzeitig unter Menschen, um sie irrezuführen – auch wenn andererseits sein göttliches Wesen als Bote der Ernte- und Reisgottheit Inari Ehrfurcht und Respekt abverlangt und Schutz spendet.[2] Auch jenseits der tradierten Fabeln und Legenden sind Füchse in der Phantasie des mittelalterlichen Menschen präsent genug, um Albträume zu verursachen. So ist es kein isolierter Fall, daß ein Tagebuchschreiber im 16. Jh. nicht weniger als fünfzehn Träume von Füchsen aufzeichnet.[3] Daß es sich dabei eher um Topoi der kollektiven Imagination (Riesenfüchse mit neun, sieben oder zwei Schwänzen) als um zoologisch identifizierbare Tiere handelt, suggeriert u.a. ein spätes Kyôgen-Stück der Sagi-Schule *Sado-gitsune* (Der Fuchs von Sado) – Text aus dem 18. Jh. – in dem die Lüge eines Bauern just an der mißlungenen Beschreibung eines Fuchses scheitert.[4]

Fuchs-Motive im Kyôgen

Das falsche Fuchsgespenst
Erkennen läßt sich ein spukendes Fuchswesen in Menschengestalt angeblich anhand von simplen Tricks: indem man ihm zum Beispiel ein schwelendes Feuer unter die Nase hält – es sei denn, er gibt seine Identität freiwillig preis und zeigt schon davor seinen Fuchsschwanz. Die Unzuverlässigkeit der genannten Methode birgt ein komisches Potential, das sich auf der Kyôgen-Bühne durchaus in Form von Intrige und gespielter Verwechslung einsetzen läßt. Auf eine solche stützt sich eine Herr-und-Diener-Posse, deren älteste erhaltene Version als Perioche im sogenannten *Tenshô kyôgenbon* (ca. Mitte des 16. Jh.) aufgenommen ist. (Um die Eigenarten der schriftlichen Fassung, die wohl der ungeübten Feder eines Provinzspielers entstammt, deutlich zu machen, ist im folgenden die phonetische Transkription des Textes mit aufgenommen):
Aburigitsune

---

1   Siehe Ikeda Hiroko 1971; Kaneko Junji 1975, passim.
2   Ab der frühen Heian-Zeit floriert in Yamato der Inari-Kult, mit dem Zentrum im Fushimi-Schrein im Südosten der Hauptstadt (Fukakusa). Die Verbindung der Reisgottheit Inari (etymol. wohl von *ine-nari* abstammend) mit dem Fuchs hat möglicherweise ikonologische (Dakiniten auf Fuchs reitend) oder aber phonetische Wurzeln. Cf. *Shintô daijiten*, Eintrag: Inari.
3   Der Tagebuchschreiber Sanefusa Hidetoshi, wohnhaft in der Tamon-Klause des Kôfukuji in Nara träumt vor allem von Fuchsfellen und Fuchsschwänzen – letztere schneidet er in acht der Träume ab. *Tamon'in nikki.* Zitiert in Taguchi 1997: 592.
4   Allerdings stammt der unwissende Bauer von der Insel Sado im Japanischen Meer, auf der Füchse unbekannt sind.

tono idete futari yobiidashi, yamada e tori shika oiniyaru tote, konogoro wa bakemono
hayaru, yôjin seyo to yû. shû no mane nado shite kuru. kamaite yudan suru na,
kokoroeta to yûte yuku. tayado yori sake toriyosete nomu. bakemono arabahi mochite
koyo to yû. sakenushi kaeru. sate shû, kokoromoto naki tote mukai ni yuku.
yobawaru. sate koso bakemono yo tote shû wo tsukamaite, chôchaku suru. hi
yobawarite aburu. sutete kaeru. shû yôyô kaeru.[5]

Der ausgeräucherte Fuchs
Ein Herr tritt auf, ruft zwei Diener herbei und schickt sie zum Feld am Berg, um Vögel
und Rehe zu vertreiben.[6] Er sagt, *seid auf der Hut, weil neulich Gespenster spuken.*
[Sie] äffen den Herrn nach und machen weiteres mehr, dann gehen sie ab. – *Seid*
ständig auf der Hut! – *Verstanden*, sagen sie und ziehen los. Von der Feldhütte
bestellen sie Sake und trinken. Sie sprechen: *Wenn's ein Gespenst geben sollte, bring*
Feuer! – Der Mann mit dem Sake kehrt heim. Nun aber findet der Herr keine Ruhe
und geht sie suchen. Er ruft nach ihnen. – *Nanu, ein Gespenst!*, sagen sie, fangen den
Herrn und verprügeln ihn. Sie bestellen Feuer und räuchern ihn aus. Lassen ihn liegen
und kehren heim. Der Herr schleppt sich mit Mühe davon.

Der Fuchsglaube fungiert hier als bloßer Vorwand für einen böswilligen Diener-
streich, der in seiner komischen Wirkung dem Stück eine lange Posterität sicherte. In
neueren Textsammlungen unter dem Titel *Kitsunezuka* (Der Fuchsbau) enthält das
Stück weitere komische Seitenmotive: so spielt Tarôkaja, den der Herr zum Vertreiben
von Wild und Vögeln von seinem Feld ausgeschickt hat, seinem Kumpan, dem zweiten Diener Jirôkaja sowie dem nachkommenden Herrn den bösen Streich. Er fesselt
die beiden der Reihe nach, um sie auszuräuchern, denn «Füchse hassen es, mit
Piniennadeln ausgeräuchert zu werden». Die Folterszene wird genüßlich erweitert und
mit Details ausgeschmückt:

TARÔKAJA: Nun, raus mit dem Schwanz! Und bell mir was vor, belle! (...) Was
redest du da, Meister Fuchs (*kitsunedono*)! Also, dann will ich auch den Jirôkaja-
Fuchs ausräuchern.– Na, belle, bell! Sag *kon-kon!* (...) Sieh mal an, das mögen sie
nicht! Für euch beiden Füchschen werde ich die Sichel holen, euch aufschlitzen und
euch das Fell abziehen. Na wartet nur! Ihr dachtet euch, ihr hättet euch toll verstellt.
Sofort werd' ich euch den Garaus machen... Gleich komm ich mit der Sichel.[7]

Auch in dieser Version parodiert das Stück die unheimlichen Begegnungen mit dem
Numinosen, mit denen die mittelalterliche Erzählliteratur so reichlich aufwartet.

---

5 Kanai (Hrsg.) 1989: 528. (Nigorierung und phonetische *onbin*-Lesungen vom Hrsg. hinzu-
   gefügt.)
6 Das Vertreiben der Vögel vom Feld gehört zu den liebsten Pflichten der Diener. Das «Ziehen» der
   dabei verwendeten Rassel aus Bambusstäben ist Prätext und Objekt beliebter Volkslieder, Tänze
   (*komai*) und ganzer Kyôgen (*Naruko*, «Die Rassel», *Naruko yaruko* «Der Name der Rassel»).
7 Zitiert nach dem Kyôgen-Lesebuch *Kyôgenki* (1660). Kitahara, Ôkura (Hrsg.) 1983: 337.

Die Fuchsfrau
Die häufigste Hypostase des Fuchses in aber zweifelsohne die verführerische Frau, die sich als Fuchsgespenst oder Fuchsfee[8] entpuppt – manchmal nach langen Jahren eines friedvollen Zusammenlebens mit dem Mann, den sie sich unter Menschen als Partner ausgesucht hat. Dabei tritt keinesfalls Berechnung oder Durchtriebenheit in den Vordergrund, die der Fuchsfrau eine grundsätzlich böse Natur attestieren würden. Geschichten von betörenden Fuchsweibern, die über Jahre hinweg eine unauffällige Ehe führen, um dann «von einem Hundegebell» in die Wildnis getrieben zu werden, illustrieren eher mitfühlend eine schicksalhafte Verstrickung im Kreis der Wiedergeburten (*rinne*) – wie in der beliebten Erzählung *Kohata kitsune* (Der Fuchs von Kohata). Diese gängige Fuchshypostase ist jedoch im Kyôgen kaum vertreten, mit Ausnahme der eigenwilligen Version eines Frauenspiels (*onna kyôgen*) in der frühen Textsammlung des Ôkura-Meisters Toraaki (1646), *Fukitori*, eines pastoralen Spielchens mit possenhaftem Ausgang:

MANN: Ich bin ein Mann aus dieser Gegend, und spiele liebend gerne auf der Flöte. Und da ich Flötenweisen übe, gehe ich jeden Abend aus dem Haus und komme hierher. Und wie ich so immer wieder spiele, nähert sich – wer weiß woher – eine Frau und bittet mich jedesmal, ihr bestimmte Flötenweisen vorzuspielen. Wo sie auch immer herkommen mag, sie scheint mir kein menschliches Wesen zu sein. Heute bin ich rechtzeitig am frühen Abend angekommen, um zu spielen. (*Er nähert sich dem vorderen Bühnenpfeiler rechts und bläst die* netori-*Weise*).[9]
FRAU: Ich bin eine Frau aus der Nachbarschaft. Hier kommt jeden Abend ein Flötenspieler – das finde ich äußerst aufregend. So will ich auch heute hingehen und ihm zuhören. Ei – ei – obwohl er's jede Nacht tut, ist es einfach wunderbar.
MANN: Bist du diejenige, die jedesmal herkommt?
FRAU: Genau so ist es. Ich bin hier, um Eurem Flötenspiel zuzuhören.
MANN: Dann sei willkommen und sag mir, was du zu hören wünschst.
(*Sie wünscht sich ‹Tanz›, ‹Tsushima›, ‹Yuri› und andere Flötenweisen*)
FRAU: Ihr seid wie immer allzu gütig. Übrigens – ich wohne ich hier in der Nähe. Möchtet Ihr mich nicht nach Hause begleiten?
MANN: So – und wo bist du denn zu Hause?
FRAU: Gleich drüben über dem Berg.
MANN: So mitten in der Nacht ist es ein bißchen weit, und vor allem für eine Frau recht verwunderlich.
FRAU: Na dann werde ich Euch eben geleiten, bitteschön, hier geht's lang.
MANN: In Ordnung.
(*Die Frau geht vor ihm her; jedesmal, wenn er sie einzuholen versucht, geht sie schneller; will er sie packen, springt sie ihm weg*).

---

8   Zum Motiv in der chinesischen Literatur siehe Ylva Monschein: *Der Zauber der Fuchsfee.* Frankfurt a.M. 1988, passim.
9   Eine bestimmte Flötenweise, die auf der Bühne bei Geisterauftritten gespielt wird.

MANN: Wie dem auch sei, es geht hier nicht mit rechten Dingen zu. Die ist bestimmt eine Füchsin. Auf jeden Fall muß ich sie einfangen. – Du verdammtes Biest, du wirst mir nicht entwischen! (*Er fängt sie*).

FRAU: Wie ärgerlich! Was macht Ihr denn da?

MANN: Unverschämt, so zu reden.

(*Er zieht den Überwurf, den sie sich über den Kopf gehängt hat und löst den Gürtel ihres Gewands – und siehe da, sie ist ein Fuchs. Sie flieht von der Bühne. Nachdem sie sich als Gespensterwesen gezeigt hat, flieht sie mit Fuchsgebell: kon-kon!*)[10]

Das etwas simpel gebaute Fuchsstück ist eigentlich die eher mißlungene Um-deutung eines Frauenspiels (*onna kyôgen*), die eine unlautere Brautwerbung aufs Korn nimmt. Im zeitgleich entstandenen frühesten Text der Izumi-Schule (ca. 1647) folgt ein heiratswilliger junger Mann dem Orakel des ehestiftenden Bodhisattva Kan-non vom Kiyomizu-Tempel in der Hauptstadt, das ihm auferlegt hatte, auf einer be-stimmten Brücke Flöte zu spielen, bis sich dort die ihm vorbestimmte Frau zeigt. Da er aber selbst des Flötenspiels nicht mächtig ist, läßt er sich dabei vertreten, mit dem zweifelhaften Erfolg, daß die auf der Brücke erscheinende junge Frau seinen Vertreter zum Mann wählt.[11] Gelindert wird seine Enttäuschung nur durch die Entdeckung, daß die verhüllte Braut ein Ausbund an Häßlichkeit ist – ein stereotyper Schluß von derber Komik, den Konventionen der Frauenspiele folgend.

Tamamo no mae – die Unheil stiftende Fuchsfee

Das Motiv der Fuchsfee ist in den Aufführungskünsten – Nô, Kyôgen, Jôruri und Kabuki – vor allem an eine Legende geknüpft, die in der mittelalterlichen Erzähl-literatur eine weite Verbreitung fand: die der Hofdame Tamamo no mae, die Kaiser Toba (reg. 1107-28) mit ihren Reizen betört und krank gemacht haben soll. Nur die Gebetsrituale eines berühmten Wahrsagers zwingen die Dame zur Rückverwandlung in einen Fuchs, der über drei Provinzen hinweg zum Nasuno-Feld im Lande Shimotsuke (in der heutigen Provinz Tochigi) flieht, um dort weiter Unheil zu stiften, bis er in einer spektakulären Treibjagd von zwei auserwählten Bogenschützen erlegt wird. Doch auch im Tod versiegt der Groll des Fuchsgespenstes nicht, er verdichtet sich vielmehr zum Stein – zum grauenvollen ‹Todesstein›, der alles Leben in seinem Umkreis vernichtet.[12]

Das Nô nimmt sich des Stoffes zweimal an: neben dem auch heute noch gespielten *Sesshôseki* (Der Todesstein), in dem er in die Mirakelgeschichte des Mönchs Gen-nô,[13] des Bezwingers des unheilvollen Steins, eingebettet erscheint, verwendet ihn ein

---

10 Ikeda, Kitahara (Hrsg.), 2. Bd.: 255-256.

11 sog. Tenribon, früheste Textsammlung der Izumi-Schule (ca. 1648 niedergeschrieben), Kitahara Yasuo, Kobayashi Kenji (Hrsg.): *Kyôgen rikugi zenchû*. Tokyo 1991: 710-713

12 Ältester Beleg der Legende im *Shinmeikyô* (frühe Muromachi-Zeit). Etliche Versionen in *mono-gatari* bzw. *otogizôshi* der Muromachi-Zeit. Yokoyama Shigeru, Matsumoto Takanobu (Hrsg.): Muromachi monogatari taisei. Bd. 9, T. 1981-88, enthält drei Texte: *Tamamo no mae mono-gatari* (1470): 13-36; *Tamamo no mae* (MS der Kokkai toshokan, illustriert in Naraebon-For-mat): 37-57; *Tamamo no no sôshi* (Druck von 1653): 58-79.

13 Vorlage: *Gennô zenshiden* (ZGR).

weiteres, obsoletes Spiel, *Yakan* (Der Feldfuchs), das von der Treibjagd der zwei Recken im Nasuno-Feld handelt. Im Gegensatz zum Nô dramatisiert das Kyôgen das Geschehen nicht, sondern integriert es in eine zentrale narrative Passage, die den Kern des Stücks *Tsurigitsune* (Der Fuchsfang) ausmacht. Seine älteste Version ist wiederum eine Perioche im Tenshô kyôgenbon:

> *saidaiji to nanotte izuru. oi wo yobiidashi, sesshô wo shimesu. sôjite kitsune wa kami nite mashimasu. tenjiku nite wa yashiro no miya, taitô nite wa kisaragi no miya, waga kuni nite wa inari tôka gosha no myôjin. mata tenjiku nite wa han sokutaishi no tsuka no kami, dakki to nazuku. taikoku nite wa yûô no kisaki hôji to na tsukitamô.waga chô nite toba no in no on-toki miyabitotari shika, kyôron, shôgyô, shi(i)ka, kangen ni itaru made, tou ni kotae no kurakarazu. shintei kumori nakereba tote, tamamo no mae to mesarekeru. shikaru tokoro ni, henge no mono nite aru aida, mikado wo nayamashi môsu. abe no yasunari uranatte môsu. tamamo no mae ga waza to môsu. chôbulu no matsuri aru beshi tote, yodan wo tsuki godan wo kazari, goshiki no hei wo tate inorarekeru. shikaru ni kanawaji to ya omoi, nanahiro amari no kitsune to nari, ôuchi wo niguru. shimotsuke no kuni nasuno no hara ni aisumôte, yukiki no mono wo nayamashimôsu. sono yoshi kikoshimesare, miura no suke, kazusa no suke ryônin ni ôsetsukeraru. futari no mono hyakunichi inu oite tanren serare(re), sate sumanki wo motte oshiyose, sono hara nite taiji seraruru. shûshin (n)ishi to natte mo, kaku sesshô wo itashisôrô. kamaite kitsune bashi korosashimasu na.*
>   *sate oi tsuridôgu suteru. oi kaeru. – oji samazama no serefu (seriu). [fushi]*
>   *oji to ya omou*
>   *oji to ya omou*
>   *oji de wa nôte*
>   *furukitsune*
>   *nochi kitsune ni narite wana ni kakaru. oi idete hikiiru. tome.*[14]

Ein Mann tritt auf, stellt sich als [Priester von] Saidaiji[15] vor. Er ruft [seinen] Neffen herbei und belehrt ihn, keine lebende Wesen zu töten. «[Denn] im allgemeinen ist der Fuchs eine Gottheit. In Indien heißt Er ‹Sanktuar der Schreine› in Groß-Tang (China) Schrein des Zweiten Mondes[16], an unserem Hofe [in Japan] Große Leuchtende Gottheit der Fünf Schreine des Reisähren-Inari.[17] Wiederum in Indien ist Er des

---

14 Kanai (Hrsg) 1989: 635-636.
15 Wahrscheinlich ist damit der zur Tempyô-Zeit errichtete Saidaiji im Westen von Nara gemeint (später Haupttempel der Shingon Rissô Sekte).
16 Ob der Fuchs hier als Bote der von den Holzfällern im zweiten Monat verehrten Berggottheit gelten soll? (so vermutet, allerdings nicht sehr überzeugend, Kanai 1989:638). Itô Masayoshi verzichtet auf eine Hypothese (Kommentar zu *Sesshôseki*, op. cit: 232, Anm. 2)
17 *inari* = sinojap. *tôka*. Die fünf Inari-Schreine: der Obere Vorgestellte Schrein (On-mae); der Mittlere; der Untere; Großer Schrein der Vier Gottheiten; Schrein im Feld (Tanaka on-mae). *Inari gosho daiji no kikigaki,* «Memoranda zu den wichtigen Begebenheiten zu den Fünf Stätten des Inari».

Prinzen Hansoku Gottheit der Totengräber[18], und [wird auch] Königin Dakki[19] genannt. Im Großen Reich (China) geruht Er Königin Hôji, Gemahlin des Königs You[20] genannt zu werden. In unserem Land, zur Zeit des Kaisers Toba diente Er [als adelige Dame] bei Hofe, gleichwohl bewandert in den Sutren, in der chinesischen Dichtung, und gewandt sogar im Spiel der Saiteninstrumente. Wonach man sie auch befragte, zu allem wußte sie tadellose Antwort. Da ihr Wesen ohne Makel war, nannte man sie Tamamo no mae – Prinzessin Juwelgras.[21] Da sie aber ein Gespenst war, verursachte sie der Hohen Pforte (dem Kaiser) große Pein. Da wahrsagte Abe no Yasunari und sprach: Es sind dies die Taten der Tamamo no mae. Und er sprach: – Eine Austreibungszeremonie muß durchgeführt werden. – So errichtete man vier Altäre und schmückte fünf Altäre aus und es wurden fünffarbige Opferstreifen angebracht. So gab [das Gespenst] seinen Widerstand auf, und wurde zu einem Fuchs von über sieben Armspannen Länge und floh aus dem Kaiserpalast, nahm Wohnung im Feld von Nasuno im Land Shimozuke und peinigte dort die Vorbeiziehenden. Diese Umstände wurden [bei Hofe] bekannt, und es erfolgte Befehl an zwei [Recken], Miura no suke und Kazusa no suke. Diese zwei übten sich hundert Tage lang an Hunden[22], dann nahmen sie einige zehntausend Reiter und führten eine Treibjagd auf jenem Felde und sie besiegten [das Gespenst]. Dessen haftender Geist aber wurde zu einem Stein und tötete jedes lebende Wesen [das ihm nahe trat]. Hüte dich ja davor, einen Fuchs zu töten!»

Daraufhin wirft der Neffe seine Fuchsfalle weg. Der Neffe tritt ab.

Der Alte hält noch allerhand Reden.

[*Melodie*]:

Ich dachte, er sei ein Greis

Ich dachte, er sei ein Greis –

Doch er ist kein Greis

der alte Fuchs.

Dann verwandelt er sich in einen Fuchs und wird in der Falle gefangen. Der Neffe tritt auf und zerrt ihn von der Bühne. Finis.

---

18 Aufgrund seiner blutrünstigen Taten wird Hansoku (chin. Ban Zu), Prinz von Makada, ein Schüler des Shâkyamuni, der später als König und Häretiker geschworen hatte, tausend Könige zu töten und vor dem letzten Mord zur buddhistischen Lehre bekehrt wurde, «Gräbergottheit» genannt. Legende cf. *Soga monogatari*, *Hôbutsushû*, maki: ge; *Sankoku denki* maki II, 7 u.a. Bereits im 14. Jh. ist ein Dengaku-Spiel *Hansoku taishi no sarugô* belegt. Cf. *Jôwa gonen nigatsu tôka haiden rinjisai shidai no koto* (Materialien zu den Festen vom Kasuga-Schrein im 5. Jahre Jôwa/1349).

19 Chin. Da Ji, Gemahlin des Königs Zhou Xin von Yin, legendär für ihre Grausamkeit.

20 Zwölfter Zhou-Herrscher, regierte 782-771. Seine Gemahlin Bao Si (jap. Hôji) wird in der Folklore zum Feldfuchs (*yakan*) stilisiert. So in *Heike monogatari 2*.

21 *ama* - Juwel, Metapher für makellose Schönheit; *mo* ist eine Wasserpflanze, die schon im *Manyôshû* häufig vorkommt. In der Folklore oft mit Feen oder Geistern verbunden.

22 Das Schießen mit stumpfen Pfeilern auf Hunde in der Arena gehörte zu den sportlichen Betätigungen adeliger Kreise. Hier aufgrund der Ähnlichkeit von Fuchs und Hund als vorbereitende Übung für die Fuchsjagd praktiziert.

In der elliptischen Perioche sind die Umrisse der Handlung des späteren Stücks *Fuchsfang* nur andeutungsweise erkennbar: Einer ausführlichen Predigt gegen das Töten von Füchsen folgt die Verwandlung des Predigers in einen Fuchs (hier nur angedeutet), der schließlich in die Falle des Jägers tappt. Unmißverständlich ist das Bild der Fuchsfee der Rethorik der höfischen Zeit verpflichtet – die strahlende Hofdame, vollkommen in ihren literarischen und musischen Fertigkeiten hat heian-zeitliche Modelle – und darüber hinaus an chinesische Modelle von gefährlichen Reichsumstürzlerinnen angelehnt. Noch ausführlicher zeichnet das *Toraakibon* (1646) das Porträt der Tamamo no mae, dem Duktus des Nô-Spiels *Sesshôseki* (Todesstein) folgend:

«Auch das Hoffräulein Tamamo no mae, das dem Kaiser Toba diente, war eine Füchsin. Und es ereignete sich folgendermaßen: In einem Jahr hielt der Kaiser einen Gedichtwettstreit ab. Nachdem die Musik verstummt war, fing plötzlich ein Gewitter mit Donner und Blitzen an, und es blies ein Wind wie zur Eiso-Zeit[23], so daß er im Palast alle Fackeln, bis zur letzten, ausblies. Da strahlte vom Leib der Tamamo no mae ein Licht aus, das die tiefste Dunkelheit[24] vertrieb und den Palast erhellte. Denn es heißt, daß Tamamo no mae kein menschliches Wesen, sondern ein Gespenst (*keshô no mono*) war, und so nannte man sie danach Keshô no mae (Fräulein Gespenst). Der Kaiser aber wurde, nachdem er jenes Leuchten erblickt hatte, immer wieder von Schmerzen befallen»[25]

Der metaphorische Name ‹Juwelengras› expandiert hier zur visuell wahrnehmbaren Aura, die an die Welt des *Genji monogatari* erinnert. Noch präziser ist das früheste Manuskript der Izumi-Schule (ca. 1647), das das Pseudonym der Hofdame auf die allseitige Vollkommenheit des Juwels zurückführt, wenn es ihre Anmut und Schönheit (*yôshoku birei*) kommentiert: «von welchem der acht Winkel und vier Seiten man sie auch betrachten mochte, sie hatte keinen Makel (wörtl: keine Rückenansicht). Im all-gemeinen haben Juwelen keine Vorder- und und auch keine Rückseite – daher nannte man sie Tamamo no mae.»[26]

Es ist eine etwas prosaische Erläuterung zum Bild der Fuchsfee im ersten Teil des Nô *Sesshôseki*, da sie als geheimnisvolle Schöne «von zweifelhafter Geburt und Le-bensgeschichte» (*shusshô shusse sadamarazu*) auftritt, «den weißen Wolken entstie-gen» (*shirakumo no ue*), gefährlich und unheimlich in ihrer Sinnlichkeit (*kôshoku wo koto to shi*), doch «bis ins Herz lauter», wenn auch ihr Strahlen, das beim Gewitter bis in die äußersten Winkeln dringt – «zu den bemalten Wandschirmen und zur Schiebetür mit dem weißen Klee» – die Krankheit des Kaisers verursacht.[27]

---

23 Ein Taifun im Jahr Eiso 1 (989), der große Verwüstungen in der Kaiserstadt anrichtete, in den
     Annalen vielfach vermerkt, gilt als Paradigma des vernichtenden Sturms.
24 Wörtlich: «Dunkelheit des fünften Mondes», d.h. während des Monsunregens (*satsukiyami*).
25 Ikeda, Kitahara (Hrsg.), Bd. 3: 124.
26 Kitahara, Kobayashi (Hrsg.): 280 (*Tsurigitsune, nukegaki*)
27 Cf. Itô Masayoshi (Hrsg.) 1991, Bd. 2, *Sesshôseki*. Autor unbekannt, früheste belegte Auffüh-
     rung durch Kanze-Spieler 1503 (cf. *Sanetaka kôki*).

Fuchsgestalt und Todesstein bettet der Nô-Text in eine düster-geheimnisvolle
Landschaftspoesie:

Nasuno no hara ni	Im Feld von Nasuno
tatsu ishi no	aufgerichtet ist der Stein
koke ni kuchinishi	von morschem Moos bedeckt
ato made mo	die Spur hinterlassen
shusshin wo	vom haftenden Geist
nokoshikite	immer noch da
mata tachikaeru	Und wiederkehrend
kusa no hara	[im] grasüberwucherten Feld
monosusamashiki	unheimlich
akikaze no	des Herbstes
fukurou shôkei no	Nachteule, und im Geäst
eda ni nakitsurekitsune	von Kiefern und Katsura heult der Fuchs
rangiku no kusa ni	Zwischen Orchideen und Chrysanthemen
kakuresumu	versteckt
kono hara no toki shimo	In diesem Feld zu dieser Stunde
monosugoki	in der unheimlichen
aki no yûbe kana	Herbstdämmerung![28]

Der Fuchs als alter Prediger

Die Kyôgen-Bühne verzichtet jedoch auf die anmutige Fuchsfee zugunsten einer anderen, in der Folklore verbreiteten Fuchsgestalt: der des «weißen Fuchses» in
Mönchskutte, der als Wanderprediger auftritt. Die Predigt als solche ist nämlich eine
beliebte Gattung mittelalterlicher Aufführungsformen, sei es in ihrer ernsten (*Jinen
koji*) oder parodierten Form. Etliche Kyôgen verlassen sich auf den Effekt der komischen Predigt, die meist gegen das Töten wettert und dabei eigentlich auf mönchische
Untugenden zielt, vor allem auf die Gier nach Fleischlichem und Fischigem, d. h. die
Überschreitung der Fastengebote. So zählen die Pseudo-Predigten in *Uozeppô* (Fisch-
predigt) und *Tori-senkyô* (Vogelpredigt) mit ihren geschickt eingefädelten, mit der
buddhistischen Rethorik komisch kontrastierenden «lustigen Listen» von Vogel- und
Fischnamen zu den witzigen Bearbeitungen dieses universalen Themas der karne-
valesken Kultur.

Im Gegensatz dazu bleibt die Predigt in *Fuchsfang* durchgehend ernst – und lenkt
die Aufmerksamkeit vom Inhalt zur Gestalt des Predigers hin. Während dieser im
Tenshô kyôgenbon sinnigerweise als Mönch vom Saidaiji auftritt – einem Tempel der
tantrischen Shingon Risshû-Sekte, in der das Verbot des Tötens von Lebewesen
(*sesshô no kai*) betont wird –, verschwindet dieser Bezug (der übrigens auch ein Licht
auf die Entstehung des Stücks im Umkreis der Laienpriester von Nara wirft)[29] aus den

---

28   Cf. supra: 229. Anspielung auf ein Gedicht von Bo Juyi «Die Eule schreit im Geäst der Kiefern
     und Cassia-Bäume; der Fuchs verbirgt sich zwischen Orchideen- und Chrysanthemenbüschen».
29   Zur Entstehungsgeschichte von Tsurigitsune Taguchi 1997: 568f.

späteren Versionen des Stücks. Allein im Tenribon tritt ein namenloser «Onkel-Mönch» (*oji-bôzu*) auf, während alle anderen Texte ihm einen vage nach Zen klingenden Namen geben, der lange Zeit als zufällig galt: Hakuzôsu. Freilich ist dieser – im Gegensatz zum Mönch Gennô, dem Bezwinger des ‹Todessteins› – eine historische Identität nicht nachzuweisen, doch vermutete man bereits in den sechziger Jahren einen zu Fuchslegenden: Satake Akihiro sah im Namen eine Ableitung von *hyakujô yakan*, dem gigantischen «hundert-*jô*-Feldfuchs».[30]

Tatsächlich bezeugt die mittelalterliche Fuchs-Folklore eine starke Tendenz zur Hyperbole, eine Faszination des Überdimensionalen, wobei die Angaben der Kyôgen-Texte («sieben Armspannen Länge» im Tenshô kyôgenbon; «großer Fuchs» bei Toraaki; «sieben hiro», d.h. über 12 Meter im Tenribon) noch relativ bescheiden klingen. Auch das *Tamamo no mae monogatari* spricht eher elusiv von einem «außerordentlich langen Fuchs mit zwei Schwänzen» (*kiwamete nagaku ôki ni shite wo futatsu aru kitsune*), doch sprechen hagiographische Schriften und Tagebücher von Fuchsgespenstern von hundert *jô* Länge, die in Mönchsgestalt auftreten: so z. B. von einem Mönch namens Hyakujô, der in einer seiner fünf hundert Existenzen ein Feldfuchs (*yakan*) gewesen sein soll; ferner von einem Fuchs-Avatar von hundert *jô* Länge (*hyakujô kegen no yakan*), der sich in einen Priester mit Namen Son'yô verwandelt.[31] Auf dem Hintergrund dieser Legenden muß man in Hakuzôsu, der sich in späteren Kyôgen-Texten als «hundert Jahre alter Fuchs» dem Publikum vorstellt, ein Bühnensurrogat des überdimensionierten Fabelwesens mit Mönchsgesicht erkennen.

Die Frage, ob das Kyôgen vom Fuchsfang mittelalterlichen Grusel- und Gespenstergeschichten (*yôkanbanashi*) seine ernst-düstere Aura verdankt (Satake), oder ob die ursprünglich komische Tierimataton in Anlehnung an das Nô vom Todesstein, dem es als Intermezzospiel gedient haben soll, im Laufe der Zeit zugunsten einer unheimlich-melancholischen Stimmung aufgegeben wurde (Taguchi), ist eher für die Aufführungsgeschichte in engerem Sinne relevant.[32] Tatsache ist, daß – anders als im Tenshô kyôgenbon – der Mönch sich in allen späteren Texten von Anfang an als Metamorphose des greisen Fuchses ausgibt, und somit seiner Predigt vor dem ‹Neffen› und Jäger jene dramatische Spannung verleiht, die der ursprünglich wohl zentralen Tierimitation mit ihren komischen Gags den Rang in der Aufführung abläuft. Das Stück beginnt nun mit einem melancholischen *shidai*-Rezitativ nach Nô-Manier, in dem das Fuchsgebell (*konkwai*) im buddhistischen *gokai* (Buße) düster widerhallt. Die unheimlich-gedrückte Stimmung steigert sich zum Höhepunkt des Spiels hin, wenn der falsche Mönch nach seiner eindrucksvollen Predigt, die den Jäger zum Wegwerfen der Falle bewegt hat, an den Ort der Auseinandersetzung zurückkehrt und die wieder aufgestellte Falle vorfindet. Der weise Prediger, der so eloquent gegen die niederen Triebe und Gelüste gewettert hatte, erliegt nun seiner eigenen Gier: offenen

---

30 Satake 1967: 199 ff. 100 *jô* entsprechen ca. 300 Meter!
31 Taguchi bringt Belege aus: *Hokkekyô chokudanshô; Sanetaka kôki; In'enshû* u.a. Cf. ders., 1997: 565.
32 Satake 1967: 199; Taguchi 1997: 566f.

Auges und entgegen jeder Vernunft wird er zum hilflosen Opfer. Sein deliberativer Monolog bei der Falle erhält in der ausgedehnten Szene einen eigenartig tragikomischen Beigeschmack, denn allzu menschlich fällt das vorsichtig-törichte, quälende Umkreisen der erkannten Gefahr aus:

HAKUZÔSU «... er sagte doch, er hätte die Falle weggeworfen. Da bin ich wieder, wo wird er sie hingeworfen haben? (*Er geht einmal im Kreis herum, entdeckt die Falle usw.; berührt sie mit dem Stock*) – Ja-ja, du hast mir all meinen Clan, so viele von ihnen, getötet! (*Klopft mit dem Stab*) Da ist was Schwarzes, was mag das sein? (*Spießt es auf die Spitze des Stabs, schnuppert daran*). – Freilich, meine jungen Leute haben sich fangen lassen – hat der doch so ein prächtiges junges Mäuschen in Öl gebraten und hineingestellt – und meine jungen Leute, unwissend wie sie waren, haben's sich geschnappt um es zu fressen – und sind in die Falle gegangen. – Jetzt sollte ich aber heimkehren. (*Macht einige Schritte, kehrt zurück*). – Ach, was schert mich die Falle, was wird's schon sein? Ich nehm mir nur das Mäuschen und freß es auf. Nein, ich hol's mir jetzt, *usw.* – Aber wär's nicht schade um mein kostbares Leben? – Seh' ich doch. Ich muß nur weg von hier. – (*Rührt sich nicht vom Fleck; singt ein Liedchen*) Jetzt weg von hier usw. (*singt: ‹Hier im Dorfe...›, macht ein paar Schritte zur Seite, stößt auf die Falle*). – Ich wollte doch weggehen, und bin wieder drangestoßen, komisch! Ich bin ja wieder bei der Falle. – Das will doch heißen, ich sollte es unbedingt fressen. Dann freß ich's eben. Nur hindert mich diese Mönchskutte, sie hängt mir so schwer am Leib – so kann ich mich nicht frei bewegen. Die leg ich ab und dann freß ich's. (*Zieht sich hinter den Trommelspieler zurück*).[33]

Der greise Prediger legt somit das Mönchsgewand ab und tritt in seiner wahren Fuchsgestalt auf, um sich die Beute zu schnappen. Der Rest des Stückes ist vornehmlich stumme Tierimitation – ein tänzerisch-akrobatisches Spiel mit vorbestimmtem Ausgang: der greise Fuchs tappt in die Falle.

Aufführungsgeschichte, Techniken der Fuchsdarstellung im frühen Kyôgen
Diese melancholisch-burleske Meditation über das Tierische im Menschen und das Menschliche im Tier erlangte relativ früh in der Geschichte des Kyôgen eine besondere Stellung im Repertoire, so daß sich die schwelenden Animositäten zwischen den drei im 17. Jahrhundert gerade entstehenden Spieler-Schulen just an den ‹Aufführungsrechten›, d.h. an der geheimen Überlieferung dieses Stückes artikulieren. Eine evident tendenziös wiedergegebene anekdotische Episode im Kyôgen-Traktat *Waranbegusa* des Ôkura-Meisters Toraaki (entstanden und mehrmals bearbeitet zwischen 1651-1659) läßt die Bedeutung des Spiels vom Fuchsfang erahnen:

---

33 Kitahara, Kobayashi 1991: 278.

Einmal befahl der der Herr Daitokuin (der zweite Tokugawa-Shôgun Hidetada) den Sagi, den Dôrin und den Tokuemon[34] in den Nishinomaru (Turm in der Burg von Edo) und, da er bis dahin noch nie dem *Fuchsfang*-Spiel geruht hatte beizuwohnen, ließ er ihnen durch Vermittlung des [Offiziers für das Zeremoniell] Herrn Nagai Shinano bestellen, sie möchten es für Seine Erlaucht aufführen. Sagi ließ berichten, er kenne es nicht. Tokuemon, der an der Seite seines Vaters Yaemon die Nebenrolle gespielt hatte, ließ sagen, er könne [die Nebenrolle] mitspielen, aber von der Hauptrolle hätte er keine Ahnung, und auch die Vorschriften (die tradierten Spielweisen) kenne er nicht. Da es sich so verhielt, ließ man also Dôrin (Toraakis Vater!) das Stück aufführen.[35]

Hier ist Toraakis Anspruch auf die Priorität seiner Schule bei der Aufführung des Stücks deutlich artikuliert. Und auch ein Jahrhundert später ist die Rivalität nicht vergessen, wenn ein Sagi-Meister sich zur Richtigstellung verpflichtet fühlt: «Yabei Tomonori (ein Spieler der Sagi-Schule) erzählte, daß Toppa aus Kawachi der Vorfahr der Kyôgen-Spieler aus der Hauptstadt war und *Der Fuchsfang* zu den Stücken seines Hauses gehörte. Die Hauptlinie der Ôkura-Schule hat es ihnen geraubt und es zur Überlieferung ihres Hauses gemacht. Auch das Kyôgen *Der Dachsfang* (*Tsuri-danuki*) hat ihrer Schule gehört – aber das darf man keinesfalls laut behaupten».[36]

Entsprechend hoch geschätzt werden auch die Fuchsmasken, besonders in der Ôkura-Schule, die als erste in Anlehnung an die Nô-Form zwei verschiedene im Stück verwendet: die Mönchsmaske mit vage füchsischen Zügen für den Prediger Hakuzôsu im ersten Teil und eine zweite betont tierische Fuchsmaske im Finale, während die anderen Schulen im 17. Jahrhundert noch die summarische Verwandlung (Ausziehen des Mönchsgewands hinten auf der Bühne) ohne Maskenwechsel praktizieren. Voller Stolz erzählt Ôkura Toraaki von der zeremoniösen Schenkung einer Hakuzôsu-Maske – er nennt sie *nitari*, d.h. [Menschen]ähnlich[e Maske] – nach einer Kyôgenaufführung durch den Shogun an seinen Vater. Dieser nimmt die Maske im Umkleideraum entgegen und setzt sie gleich auf, um damit zum Dank einen glückverheißenden Tanz aufzuführen.[37] Und Bitterkeit wird den Berichtenden später befallen haben, als der Vater eben diese besondere Maske nicht ihm, dem ältesten Sohn, sonder seinem jüngsten, Toraakis Halbbruder und Rivalen Hachiemon hinterließ.[38]

Die oben genannte Maske ist zwar nicht mehr erhalten (bzw. nicht mehr mit Sicherheit zu identifizieren), doch frühe Exemplare der *nitari* bzw. *hakuzôsu* illustrieren jenen expressiven Realismus spätmittelalterlicher Schnitzkunst, der später einer stereotypen Stilisierung weichen mußte: melancholische Augen unter einer runzligen Stirn mit kleinen, kaum angedeuteten tierischen Ohren, prominente Backen über dem schnauzenartig ausladenden Kinn mit Stoppelhaaren, halboffener, breiter Mund mit zwei

---

34 Führende Spieler Anfang des 17. Jh.: Sagi Niemon (Sagi-Schule), Ôkura Torakiyo (Toraakis Vater, Gründer der Ôkura-Schule), Chômei Tokuemon (auch Jinroku, ohne Schule).
35 *Waranbegusa,V.* Ikeda (Hrsg.) 1977: 565.
36 Cf. *Hôreki namekawabon* (Textsammlung der Sagi-Schule, Mitte des 18. Jh.). Zitiert in Taguchi 1997: 567.
37 Ikeda (Hrsg.) 1977, *Waranbegusa:* 595.
38 So der Testamenttext, zitiert in Ikeda (Hrsg.) 1977: 623, Anm. 98.

Reihen spitz auslaufender Zähne. Konterkariert werden die tierischen Elemente durch die zwei Achsen von Augen und Nase, die der Maske die Proportionen eines menschlichen Gesichts verleihen – ohne die starke Spannung zwischen den heterogenen Ebenen zu verwischen.

Bezeichnend ist, daß auch die im zweiten Teil verwendeten Fuchsmasken, trotz der Verlagerung des Akzents auf das Tierische (in der betont langen Fuchsschnauze), die Ambivalenz nicht vollends verdrängen: trotz tierischer Züge bleibt auch die Fuchsmaske – vor allem im wehmütigen Ausdruck mancher früher Exemplare – im Schwebezustand zwischen Tier und Mensch gefangen.

Noch wichtiger aber nahmen die Kyôgen-Meister die Überlieferung der Gesten und Gebärden für die Doppelrolle im *Fuchsfang*. Kaum ein zweites Stück im Repertoire erhält so ausführliche Regie- und Spielanweisungen bereits in den ältesten Texten. Hier einige Auszüge aus Toraakis dem Dialogtext nachgefügte Bemerkungen, die nur noch Spuren der ursprünglich komischen, improvisierten Tierimitation erkennen lassen, dafür aber bereits einen hohen Grad von Stilisierung belegen:

Beim *nakairi* (Exit nach dem ersten Teil, zum Kostümwechsel) kann er den [Mönchs]stab wegwerfen – so kann das auch gespielt werden. – Abtreten kann er mit einem oder zwei Sprüngen. – Er hebt dabei den Saum [seines Mönchsgewands] und zeigt beim Hinausschreiten seinen Schwanz usw. – Die innere Haltung ist sehr wichtig. – Er verabschiedet sich vom Nebenspieler (dem ‹Neffen›) und zieht sich dabei auf die Brücke (die in den Umkleideraum führt) zurück, wo er sich niederlassen kann mit dem Ruf: «nur-Tee, nur-Tee»[39] – auch so kann er es machen. – Nach dem Kostümwechsel darf er keine Worte mehr sprechen (da nun vollends ein Fuchs). Er ruft nur den Namen des Anderen (des Spielers, der die Nebenrolle innehat)[40], dann sagt er «nur-Tee, nur-Tee» und «Algen und Pfeffer» usw. Nur so viel darf er sagen. – Nach dem zweiten Auftritt, ohne Vorhang, kommt er von rechts langsam angekrochen auf allen vieren bis zur Bühnenmitte; da horcht er nach allen vier Richtungen. – Und wiederum, wenn er sich der Falle nähert, kriecht er auf dem Bauch. Es ist wichtig, daß er dabei sehr konzentriert und wachsam erscheint. – Er kann sich dabei auch wie ein Hund hinlegen, als würde er sich ausruhen. – Nach der Umkleidepause legt man die Falle in die Bühnenmitte. – Der Nebenspieler sitzt beim rechten Pfeiler vorne (*daijin*); er soll sich hinter dem Chor (am rechten Rand der Bühne) verstecken. – [Der Fuchs] kriecht langsam auf allen vieren über die Brücke zur Bühnenmitte, ahmt das Fuchsgebell nach, sagt *kwai-kwai*.[41] Er sieht die Falle vor dem linken Pfeiler hinten, freut sich; da soll er «nur-Tee, nur-Tee» rufen. – Die Kopfbewegungen muß man so

---

39 Im Text werden neben Tee auch *kobu*-Algen und *sanshô*-Bergpfeffer genannt, beides Beilagen zum Tee, wie er in Tempeln ausgeschenkt wurde. Ein konventionelles Zeichen seiner Mönchsrolle.

40 Zu dieser eigenartigen Sitte, die auch heute unter den Spielern tradiert wird, äußert sich Taguchi in extenso und führt sie auf rituell-abergläubische Praktiken zurück. Op. cit.: 588ff.

41 Bzw. *kai-kai*. Übrigens fallen auf der Kyôgen-Bühne Fuchsgebell und Glockengeläut onomatopoetisch zusammen: beides auch mit *kon-kon* wiedergegeben. Die Variante *konkai* ergibt den Titel des Stückes im Kyôgen-Lesebuch *Kyôgenki* (1660): *Konkai*. In: Kitahara, Okura (Hrsg.) 1983.

machen, daß sie füchsisch wirken. – Wenn er dann zum Fuchs wird, kommt er ge-krochen, und wenn er sich aufstellt, so muß er das langsam und allmählich tun. – Tierschritte: dabei hält man die Beine nicht parallel nebeneinander. – Die Schatten-gestalt (*kage no mi*, Bedeutung unklar): wenn er sich zum Nebenspieler wendet. – Ab-schiednehmen: das soll flüssig geschehen. – Zur Benutzung der Maske: Kopfschütteln, (Stelle undeutlich), den Kopf drehen, hinüberblicken. – Zum Schreiten muß er auch die Arme vorwärtsbewegen. – «Tierstab»: mit der Spitze nach vorne tasten, wie beim «Blindenstab» (in den Blindenstücken). – Seine Erzählung soll knapp ausfallen.– Wenn er in die Falle tappt, berührt er sie mit dem Schwanz, dreht sich nach hinten um, schnuppert (an der Maus), und nicht sagen, daß er Angst vor der Falle hat.–Auch wenn er gefangen wird, muß er sich zurückdrehen. – Er soll allmählich vergessen, daß die Falle gefährlich ist, darauf gebe man acht. Dazu gibt es mündliche [geheime] Überlieferung. – (...) Im ersten wie im zweiten Teil ist das Niesen[42] sehr wichtig. –

Das Kostüm: im ersten Teil Mönchsmütze (*sunbôshi*), gefaltet, *nitari*-Maske, darunter (ünter dem Kostüm?) Fellanzug, fuchsfarben, Übergewand, Fächer wie im [Stück] *Suehirogari* (Der Glücksfächer), Hüftgürtel, in der linken Hand den Rosen-kranz, in der rechten den [Mönchs]stab. (...) Im zweiten Teil trägt er das Gewand über dem Fell. Das kann er auch vor dem Vorhang ablegen.

Ähnliches gilt für den frühesten Text der Izumi-Schule, dessen Didaskalien in der Schlußszene im Kontrast zur sonst eher elliptischen Notierung ungewöhnlich ausführlich ausfallen:

(Der Fuchs tritt auf.) –*Wie erleichtert ich mich fühle!* – (bellt; sagt: «Tee-allein, Tee-allein» und «He, Ichirô»; schreitet nach vorne bis zur Falle. Hier soll er allerlei Gebärden machen. Einmal über die Falle springen usw. Einmal berührt er sie mit dem Stab. Er soll sich auf die Arme aufstützen, kann aber auch auf den Hinterbeinen stehen; oder auf dem Bauch kriechen. Variante: Er nimmt die Falle auf, wirft sie weg. Dabei ist es wichtig, daß er sich gleich auf die Brücke zurückzieht. Es gibt vielerlei zu beachten. Dann nimmt er die Falle, hängt sie sich um den Hals, und der Nebenspieler ruft: «Ein Fuchs ist in die Falle gegangen!» Wenn er sich zurückzieht, bellt er «skon-skon», legt die Hände wie zum Gebet zusammen, zieht sich zurück, bleibt stehen. – Oder aber: er befreit sich aus der Falle, streift sie ab und flüchtet, vom [Jäger] verfolgt.

Interessant sieht folgendes aus: die Falle mit der Stabspitze aufheben, eine Weile hochhalten, dann im Kreis herumgehen). [43]

Das Gebot der ‹realistischen› Tiernachahmung hält sich die Waage mit dem Anspruch auf Stilisierung und der Wahrung einer summarischen Etikette im Umgang der Spieler miteinander auf der Bühne. Im Laufe der folgenden Jahrhunderte entstand

---

42 Der Fuchs «niest» beim Schnuppern nach der gebratenen Maus.
43 Kitahara, Kobayashi 1991: 279.

daraus ein hoch differenziertes, zunehmend rigides System von Vorschriften, deren ursprünglicher Sinn allmählich verloren ging, so daß die Spieler der Neuzeit vor einem Konvolut von kryptischen ‹geheimen› Anweisungen stehen, die sie sich mechanisch aneignen.[44] Während das Kopfschütteln, das Kriechen, das gespannte Horchen, das Schnüffeln und «Niesen» auch in der heutigen Spielpraxis erkennbar und in ihrem symbolischen Realismus bühnenwirksam bleiben, erscheinen inzwischen andere tradierte Elemente obsolet, da im historischen Ambiente verwurzelt und nur aus diesem heraus nachvollziehbar (der Ruf nach dem Partner, das «Abschiednehmen», der Ausruf «nur-Tee» etc.). Die Aufschlüsselung so mancher unverständlich gewordenen Anweisung bietet dem heutigen Forscher eine reizvolle hermeneutischen Aufgabe – bei der die Gefahr der Überinterpretation nicht immer auszuschließen ist. So findet Taguchi im enigmatischen Ruf des Fuches nach dem Namen des Bühnenpartners («Ichirô, Ichirô!») den Rest einer rituellen Handlung (die Anrufung soll dem Gegenüber Zeichen und Warnung sein, da sie die Transzendenz der sprechenden Person signalisiere). [45]

Zweifelsohne wird die über Jahrhunderte hinweg pedantisch in Schrift und Gestik dokumentierte und noch lange nicht erschöpfend erforschte Fuchsdarstellung im Kyôgen dem Theaterhistoriker sowie dem Kulturanthropologen noch manche lohnende Aufgabe stellen. Denn in der düster-melancholischen Tierburleske vom Fuchsfang sieht das Kyôgen immer noch seinen ureigenen Ausdruck und seine höchsten Ambitionen qua Bühnengattung verkörpert.

Zitierte Literatur

Furukawa Hisashi, Kobayashi Seki, Ogihara Tatsuko: *Kyôgen jiten – jikohen*. Tôkyô 1976.
Ikeda Hiroshi, Kitahara Yasuo (Hrsg.): *Ôkura Toraakibon Kyôgenshû no kenkyû*. 3 Bde. 1972-1983..
Ikeda Hiroshi [u.a.] (Hrsg.): Ôkura Toraaki: *Waranbegusa*. In: Kokugo kokubungaku kenkyûshi daisei Bd. 8: *Yôkyoku - kyôgen*. 1977, 410-629.
Imao Tetsuya: *Henshin no shisô*. Tôkyô 1970.
Itô Masayoshi (Hrsg.): *Yôkyokushû*. (3 Bände). In Shinchô Nihon koten shûsei. 1986.
Kaneko Junji (Hrsg.): *Nihon kitsunetsukishi shiryô shûsei*. Tôkyô 1975.

---

44 In der Izumi-Schule tragen die Vorschriften entsprechend geheimnisvolle Namen, wie z. B.: «Herausschreiten aus dem Yin»; «Erschrecken»; «Innen-und-Außen»; «im Hause»; «Inwendig und Auswendig»; «im Nebel verbergen»; «Nachklingende Arie»; «Hinter dem Wandschirm»; «Hinter dem Vorhang» etc. Die Ôkura-Schule verwendet ein etwas nüchternes, technisches Vokabular für ihre auf die konventionelle 18 begrenzten geheimen Vorschriften der Rolle: «Entfernung vom Vorhang»; «Aufsetzen des Stabs»; «Tierschritt»; «Hundestimme»; «Blick nach dem Hunde»; «Sichverstecken»; «Lied»; «die sechs [Gebärden] mit dem Stab»; «Abschnitt Falle»; «Abschiedsruf»; «Aufsetzen der Maske» u.a. Cf. Furukawa et al. Hrsg. *Kyôgen jiten - jikohen*.T. 1976. Eintrag *Tsurigitsune*.

45 Taguchi 1997: 588ff.

Kanai Kiyomitsu: *Nô to kyôgen.* 1977.

Kanai Kiyomitsu: *Tenshô kyôgenbon zenshaku.* Tôkyô 1989.

Kitahara Yasuo, Kobayashi Kenji (Hrsg.): *Kyôgen rikugi zenchû.* Tôkyô 1991.

Kitahara Yasuo, Ôkura Hiroshi (Hrsg.): *Kyôgenki no kenkyû.* Tôkyô 1983.

Sakurai Tokutarô, Ôno Yasushiro [u.a.]: *Henshin.* Tôkyô 1974.

Satake Akihiro: *Gekokujô no bungaku.* 1967.

Taguchi Kazuo: *Nô – kyôgen kenkyû. Chûsei bungei ronkô.* Tôkyô: Miyai shoten 1997.

Hartmut Walravens (Berlin)

Namenregister zur Auswahlbibliographie «Der Fuchs in Zentral- und Ostasien»

Addiss, Stephen 6
Akashi, S. 5
Asakura Setsu 13
Ashiya, Mizuyo 5
Atanasov, Neno 8
Bächtold-Stäubli, Hanns 1
Baudoin, Simonne 12
Baumann, Hans 13
Bawden, C. R. 7
Bebermeyer, Renate 1
Bechtle, Walther Wolfgang 15
Beck, Christine 14
Beffa, Marie-Lise 4, 6, 7
Belgrader, Michael 1
Bergmann, Astrid 11, 12
Beskova, E. 11
Bianki, W. [Vitalij Valentinovič] 13
Blauth, Birthe 4
Blisch, Jan 10
Bodemann, Ulrike 2
Borg, Inga 13
Bouchy, Anne Marie 6
Brackett, George 9
Brown, Margaret Wise 9
Buchanan, D. C. 5
Bulatov, M. 11
Burningham, John 11
Burrows, Roger 8
Buschinger, Danielle 10
Casal, U. A. 6
Cefischer 9
Chan, Tak-hung Leo 5
Charlol, Jean 11
Conover, Chris 14
Crépin, André 10
Dähn, Astrid 9
Dahl, Roald 14
Dargyay, E. und L., 8
Delaby, Laurence 7
Dessons 13
Dojčev, Ljubomir 12
Doré, Henri 3
Dudley, Ernest 15
Duken, Suse 12

Eberhard, Wolfram 3, 4
Eberle, Irmengarde 10
Eder, Matthias 6
Elin Pelin 12
Erényi, András 12
Faber, Ernst 2
Fay, Hermann 12
Fehringer, Otto 8
Finbert, Elian J. 10
Fišman, O. L. 3, 4
Fox, Michael W. 15
Francke, August Hermann 8
Fritsche, Veronika 12
Garnett, David 10
Ginsburg, Mirra 13
Girsberger, Emmy 13
Goethe, Johann Wolfgang von 10
Goossens, Jan 11
Griffis, William E. 5
Groot, J. J. M. de 2
Gürtzig, Erich 13
Güttinger, Fritz 10
Gulik, Robert van 3
Hamayon, Roberte 4, 6, 7
Hammond, Charles E. 5
Hayami Yasukata 15
Heine, Steven 6
Heissig, Walther 7
Henry, J. David 9
Hoffmann-Krayer, Eduard 1
Hong Pien 4
Hummeltenberg, Max 13
Huntington, Rania 4
Huse, Ulrich 1
Icke-Schwalbe, Lydia 8
Ikegami Jirô 7
Ivanov, Dimităr 12
Jacquemard, Simonne 8
Janczarski, Czesław 12
Jaspert, Werner 9
Johnson, T. W. 2
Jordan, Brenda 6
Kaneko Junji 14
Kaulbach, Wilhelm von 10